数学·文化·发现

主　　编　朱文龙

执行主编　季万鹏

副 主 编　王　刚　陈秀兰

顾　　问　张炳意

编　　者　王小婷　孙慧琴　刘瑞娟　樊　君

　　　　　杨玉花　季万鹏　阎培英　王莉华

　　　　　朱鑫玉　吴砺骇　刘　彬　王　刚

　　　　　陈秀兰　甘建平

兰州大学出版社
LANZHOU UNIVERSITY PRESS

图书在版编目（ＣＩＰ）数据

数学·文化·发现 / 朱文龙主编. -- 兰州 : 兰州大学出版社，2016.4
（兰州市中小学校本课程读本系列丛书 / 郑作慧主编. 二）
ISBN 978-7-311-04917-1

Ⅰ．①数… Ⅱ．①朱… Ⅲ．①小学数学课－教学参考资料 Ⅳ．①G624.503

中国版本图书馆CIP数据核字(2016)第080396号

策划编辑　李　晖
责任编辑　张雪宁
封面设计　陈　文

书　　名　数学·文化·发现
作　　者　朱文龙　主编
出版发行　兰州大学出版社　（地址：兰州市天水南路222号　730000）
电　　话　0931-8912613(总编办公室)　0931-8617156(营销中心)
　　　　　0931-8914298(读者服务部)
网　　址　http://www.onbook.com.cn
电子信箱　press@lzu.edu.cn
印　　刷　兰州大众彩印包装有限公司
开　　本　710 mm×1020 mm　1/16
印　　张　12.5
字　　数　198千
版　　次　2016年5月第1版
印　　次　2016年5月第1次印刷
书　　号　ISBN 978-7-311-04917-1
定　　价　48.00元

校长寄语

　　《义务教育数学课程标准(2011年版)》在总目标中提出：通过义务教育阶段的数学学习，学生能获得适应社会生活和进一步发展所必需的数学的基础知识、基本技能、基本思想、基本活动经验。

　　把基本思想作为"四基"之一，进一步强调了数学思想的重要性。对于小学数学教师而言，多年来形成了课堂教学重视"双基"的意识。而面对新一轮的课程改革，小学数学教师既需要转变观念，逐步培养重视数学思想的意识；同时又需要提高自己的数学专业素养，这样才能更好地落实"四基"目标。

　　近几年来，我感受到老师们想在数学课堂上渗透数学思想方法的努力，但数学思想方法不同于一般的概念和技能，后者一般通过短期的训练便能掌握。所以我们的课堂上并不能很好地呈现课标的要求，老师们也为此很苦恼并无所适从。大家都知道数学思想方法需要通过教学中长期的渗透和影响才能够形成，教师应在每堂课的教学中适时、适当地体现思想方法的教学目标，使学生在潜移默化中日积月累，通过提高数学素养达到学好数学的目的。数学是在人们的不断探索与实践中发展起来的，它反映了人类对客观世界的深入思考，体现了人们渴望认识世界、追求真理的美好愿望。数学本身属于自然科学，但数学的发展历程又体现了丰富的人文性，教师可以借此对学生进行人文教育，从而落实数学的基本思想。通过对数学知识的产生背景和重要的历史事件进行介绍，使学生对知识的掌握更加全面，并调动学生的情感因素，形成饱满的立体式的认识。

　　数学，绝不是解决几个数学问题；数学教学，也不是仅仅教学生学会解题。数学教学的价值体现在对人的思维能力的发展上，也体现在分析和解决问题的方法上。教师只有掌握了一定的数学思想方法，才能在教学中游刃有余，才能把学生"教活"，使学生在学习中触类旁通。要教好数学，必须拥有丰富的数学学科专业知识，我们的数学学科专业知识主要指"学科知识技能""数学思维""数学知识的应用"等。提升数学教师的专业素养，不断更新数学学科专业知识，我们这湾清泉才能常流常新，才能给每个孩子源源不断的新鲜水源！

　　数学学习对学生的终生发展起到至关重要的作用。树立"育人为本"的教育思想，从学生终生发展的需要出发，除了利用好现行数学教材提供的相关材料，还应该努力开发一些着眼于学生数学素养全面提升的学习素材，鼓励学生通过生动活泼、积极主动的学习，在培养更广泛的数学学习兴趣，不断增强使用数学的意识和能力的同时，接受数学文化的熏陶，不断提升数学文化素养。

　　如何适时、适当地体现思想方法的教学目标？如何让教师提高数学素养？如何努力开阔学生的视野，立足学生的终生发展？带着这些问题，我和我的团队有了做这门课程的想法。感谢甘肃省基础教育课程教材中心张炳意主任的悉心指导，感谢我的同事对我的支持，感谢他们辛劳的工作，才使我们有信心完成本书的编写。

朱文龙

2016 年 3 月 25 日

序

　　数学是抽象的语言、符号体系，还是现实世界中人们生活经验的总结？探寻"什么是数学"，数学的源与流又在哪里？公元前3500年到公元前500年，古埃及、古巴比伦人从观察生活和生产经验出发，建立了自然数的概念、简单的计算、几何形式，这成为数学的起源与早期发展；从公元前6世纪到公元17世纪中叶，数学由实验过渡到抽象的理论阶段，数学成为一门独立的科学，作为初等数学发展；公元17世纪中叶到19世纪上半叶，人们开始用运动和变化的观点研究数学，进入变量数学发展时期；19世纪上半叶后，随着计算机科学技术和应用数学的发展，数学主动适应科技发展的需要，进入近现代数学发展时期。数学的发展历程，深刻揭示了数学的本质，彰显了数学的抽象、严谨和应用广泛等特性。

　　数学，作为人类思维的表达方式，是研究数量关系和空间形式的科学，是对客观现象进行抽象概括而逐渐形成的科学语言与工具。诚如所知，《义务教育数学课程标准（2011年版）》提出，"数学是人类文化的重要组成部分，数学素养是现代社会每一个公民应该具备的基本素养"。张维忠教授进而从数学是一种思想方法，是科学的语言、思维的工具以及数学与艺术的关联等角度论述了数学的文化价值，为我们体认文化视野下的数学与数学教育提供了视角。数学来源于现实，并且应用于现实，数学教学应注意让生活数学走进课堂，使学生在生活情境中不知不觉地感悟数学的真谛，学会用数学的思想方法去观察和认识客观世界、解决生活问题。

　　循着这样的理念去审视小学数学教学，如何告诉学生数学的来龙去脉，如何引领学生"在做中学数学"，体会知识的发生过程，如何增进学生基本的数学活动经验，让学生在数学活动中"经历着一种经历,体验着一种体验,思想着一种思想",进而培养学生的数学素养,应当成为落实"以生为本,以学论教"的基本要义。

学校教育功能的实现是以课程为载体的,课程成为学校教育的"核心"。新课程实施十余年来,校本课程开发已经从"理念"走向了"行动"。校本课程开发强调学校有条件地自主决策,强调教师参与课程设计,倡导旨在问题解决的合作、探究与共享开发策略。兰州市东郊学校在对学生数学学习发展和教师教学需求进行分析的基础上,以助推数学课程的校本化实施和学校课程建设为契机,组建开发团队,开发了这套《数学·文化·发现》系列校本课程,旨在对现行的义务教育数学课程数与代数、图形与空间、统计与概率三个领域的课程知识进行梳理的基础上,进一步厘清数学发展的脉络,部分地经历数学的再发现过程,让学生在体验式学习中获取数学知识的同时,掌握基本的数学思想方法,积累数学活动经验。

《数学·文化·发现》校本课程的开发,作为实施国家课程的有益补充和拓展,在学校课程整体规划的基础上,正确处理校本课程与国家数学课程的关系,整合设计、立体式构建,改变单一的数学史选讲或者数学实验的编排模式,从学生与资源情况分析入手,明确课程定位、课程目标,加强学习活动设计,提出课程实施与课程评价建议要求等,研制课程纲要。在课程载体上,有效挖掘教材中"你知道吗?""数学万花筒""综合实践活动""数学广角"内的课程资源,充分揭示课程内容中蕴含的数学思想方法、数学美等因素,分模块以"数学大观园""数学家的故事""数学思想方法""数学实验""趣味数学"等线索展开,内容呈现指向于促进学生有意义理解数学、发展学生的学科素养,设计了相应的数学活动或数学实验问题,为增进学生数学学习兴趣,使学生更好地理解数学提供了良好的载体,更不失为教师开展教学的有益资源。

事实上,本套校本课程的开发只是东郊学校在学校课程建设探索中的一个过程性标志,不是终点。学校课程建设是一个动态的过程,随着学生核心素养发展要求和学业质量标准的变化,教师的教学理念、教学方式也在做适应性调整,课程建设还必须有一个日臻完善的过程。笔者相信,经过几年的不断调整充实,本课程一定会成为改善数学教学生态、提升数学教学质量的助推器,成为增强教师的课程意识和课程能力的牵引机。

最后,应当提及的是,随着义务教育数学课程由"两基"到"四基"目标的拓展,指向培养学生的学科核心素养开展教学,科学地了解学生数学学习过程,树立全面的学业质量观,当成为教学研究的基本宗旨。朱文龙校长是数学特级教师,长期致力于小学数学教学研究工作,曾担任过校长、教育局长,现在再次主持学校的全面工作,对学校课程建设的意义和路径有了更加深入的思考。受朱校长之邀,我有幸参与到东郊学校校本课程的开发与实践中,并借机将自己在学校课程建设实践和数学教学研究中的一些体会和感悟写下来,也作为今后学习研究的新起点和动力,权作序。

期待兰州市东郊学校以校本课程开发为切入,以行动研究为研究的行动,让学生收获更高品质的学习!

甘肃省基础教育课程教材中心

张炳意

2016年3月25日

前 言

　　如果把数学的每一个知识比作一滴水,那么,数学的知识汇集起来就是一片辽阔的海洋。我们现在所学到的数学知识只不过是数学海洋里的一角。

　　这本书将带领你站到另一个角度去了解数学,你将会发现数学的世界里不只是无趣的计算和复杂的公式。

　　在这里,你将会了解到多姿多彩的数学文化,感悟数学家锲而不舍的精神,学习到使你受益终身的数学思想方法,感受数学形形色色的美。在这里,有妙趣横生的数学趣题供你们思考,有好玩的数学游戏和数学魔术让你们获得学习数学的乐趣,有神奇的数学实验等着你们去探索操作,还会看到数学和其他学科都有紧密的联系。

　　在学习过程中,还有勤学好问的东东和郊郊陪伴着你们,和你们一起探索、思考、学习、成长,和你们一起了解数学、走近数学、发现数学。小朋友们,准备好了吗?让我们开始在数学的海洋里自由徜徉吧!

东东　　　　　　　郊郊

目 录

第一章　数学百花园

第一节　数的由来

一、文化大观园

同学们，你们知道数的由来吗？让我来告诉你吧！

早在原始人时代，人们在生产活动中慢慢地就注意到一只羊和许多羊，一头狼和许多狼的差异。

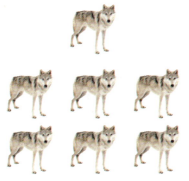

随着时间的推移慢慢地产生了数的概念……最早人们利用自己的手指头来记数，当自己的手指不够用的时候，人们开始采用"石头记数"。

当人们觉得"石头记数"法比较麻烦，容易出错时，他们又想出了"结绳记数"法。

再后来，人们又发明了"刻道记数"法。

在经历了数万年的发展后,直到距今五千多年前,才出现了书写记数以及相应的记数方法。

我们现在学习的数字称为"阿拉伯数字",阿拉伯数字是不是阿拉伯人发明的呢? 其实阿拉伯数字是在三世纪时由印度人发明的。

1234567890

公元700年前后阿拉伯人征服了印度北部,他们发现被征服的印度地区数学比他们先进。于是771年,印度北部的数学家被抓到阿拉伯的巴格达,被迫给当地人传授数学。

后来阿拉伯人把这些数学符号传到了很多地方。起初,阿拉伯数字的形状与现代阿拉伯数字并不完全相同,只是比较接近而已,为了使它变成今天的0、1、2、3、4、5、6、7、8、9……的书写形式,又有许多数学家做了许多努力。

后来,这些数字又从阿拉伯地区传到了欧洲,欧洲人只知道这些数字是从阿拉伯地区传入的,所以便把这些数字叫作阿拉伯数字。以后,这些数字又从欧洲传到世界各国。

阿拉伯数字传入我国,大约是13到14世纪。随着我国对外国数学成就的吸收和引进,阿拉伯数字在我国推广使用已有100多年的历史。阿拉伯数字现在已成为人们学习、生活和交往中最常用的数字了。

二、数学家故事——陈建功

陈建功（1893—1971），字业成，杰出数学家，著名数学教育家。早年在浙江大学数学系任教20余年，新中国成立后，他入复旦大学数学系执教，与苏步青一起把复旦大学数学学科建设成我国数学领域教学与研究的中心，后曾任杭州大学副校长。他的研究领域涉及正交函数、三角级数、函数逼近、单叶函数与共形映照等，是我国函数论研究的开拓者之一。 其子为中科院院士、控制论专家陈翰馥教授。

陈建功于1893年9月8日出生于浙江绍兴府城里（今浙江省绍兴市）。他的父亲陈心斋是城中慈善机构同善局里的一名小职员，月薪仅两块大洋。陈建功是家里的长子，有六个妹妹，家里生活十分清苦。母亲鲁氏夫人贤淑勤俭，常为成衣铺做活，帮助维持生计。陈老先生为人忠厚老实，供职20余年，洁身自好，从无银钱上的差错，这不仅为人们所称道，也给子女做了榜样。

陈建功小时候，家贫无力延师，五岁时开始附读于邻家私塾。但他聪颖好学，几年后就进了绍兴有名的蕺山书院，1909年又考入绍兴府中学堂，鲁迅先生当年就在那里执教。1910年，他进入浙江官立两级师范学堂的高级师范学校求学，三年中他最喜欢的课程就是数学。1913年毕业后，陈建功为了以科学富国强民，选择东渡日本深造的道路。

1914年，陈建功取得官费待遇考入日本东京高等工业学校学习染色工艺，然而他对数学的志趣不减，所以同时又考进了一所夜校——东京物理学校。于是，他白天学化工，晚上念数学、物理，夜以继日地在两校辛勤学习。5年中，他不仅学业突飞猛进，为以后的研究打下了坚实的基础，而且还养成了珍惜时间的好习惯。1918年，他毕业于高等工业学校，翌年春天又毕业于物理学校，满载学习成果回到祖国，任教于浙江甲种工业学校。虽然教学任务繁重，但陈建功对数学的爱好有增无减，教学之余，他仍用力钻研数学，并指导着一个数学兴趣小组。

1920年，陈建功再度赴日求学，考入东北帝国大学数学系，从此开始了对近代数学的研究。1921年，陈建功的第一篇论文"无穷乘积的若干定理"在《东北数学杂志》上发表了。这是我国学者在国外最早发表的一批数学论文之一。1923年，陈建功在东北帝国大学毕业后,回国任教于浙江工业专门学校,次年应聘为国立武昌大学数学系教授,从此开始了他的大学教学生涯。

1926年,陈建功第三次东渡,考入东北帝国大学研究生院攻读博士学位,导师藤原松三郎先生指导他专攻三角级数论。当时,作为傅里叶分析主要部分的三角级数论在国际上处于全盛时期。陈建功在两年多的研究中获得了许多创造性成果。1929年,他取得在日本极为难得的理学博士学位,成为在日本获得此殊荣的第一个外国学者。日本各报纸都在头版刊登了这一新闻。正如苏步青教授所说:"长期被外国人污蔑为劣等人种的中华民族,竟然出了陈建功这样一个数学家,无怪乎当时举世赞叹与惊奇。"他的导师藤原先生在祝贺会上说:"我一生以教书为业,没有多大成就。不过我有一个中国学生,名叫陈建功,这是我一生之中最大的光荣。"为感谢恩师的教诲,陈建功在自己研究工作的基础上,综合当时国际上的最新成果,用日文撰写了专著《三角级数论》,著名的岩波书店出版了这本书。该书不仅内容丰富,而且许多数学术语的日文表达均属首创,数十年后仍被列为日本基础数学的参考文献。

1929年,陈建功婉言谢绝了导师留他在日本工作的美意,回到朝思暮想的祖国,众多大学争相延聘。最终,浙江大学邵裴之校长请到了这位雄才,并委以数学系主任之职。1931年,在陈建功的建议下,校长请来了中国的第二位日本理学博士苏步青,接着又请苏步青担任数学系主任。从此两位教授密切合作20余年,为国家培养了大批人才,形成了国际上广为称道的浙大学派。

1937年抗日战争爆发后,浙江大学从杭州出发,不断西迁,历经浙江建德,江西吉安、泰和,广西宜山,辗转跋涉五千里,于1940年2月先后抵达贵州遵义、湄潭,并在两地分别建立起浙江大学工学院与浙江大学理学院。陈建功把家眷送往绍兴老家,自己只身随校西行,沿途日机轰炸,生活极端困苦,但他的数学研究与教学仍然弦歌不辍。他表示"决不留在沦陷区","一定要把数学系办下去,不使其中断"。

1945年抗日战争胜利,浙江大学迁回杭州。生物学家罗宗洛邀请陈建功同去接收台湾大学,临行前陈建功对同事说:"我们是临时去的。"次年春天,他果然辞去台湾大学代理校长兼教务长之职,又回到浙江大学任教,并在当时由陈省身教授主持的中央研究院数学研究所兼任研究员。1947年他应邀去美国普林斯顿研究所任研究员,美国优越的科研条件并没有打动他的心,一年后他又回到浙江大学。

杭州一解放,陈建功便意识到与苏联的学术交流将日益频繁,当年夏天便率先学习俄文,不久即带领学生深入进行对苏联数学的研究。正当他全力为新中国培养第一批研究生时,朝鲜战争爆发,为了保卫祖国,他毅然送子参军,社会为之轰动,人们争相学习。

1952年院系调整,浙江大学文、理学院并入复旦大学,陈建功、苏步青等教授都调至上海。复旦大学校长陈望道为他们安排了较好的工作条件,从此浙江大学学风在复旦大学弘扬。年过花甲的陈建功的工作量仍然大得惊人,他常常同时指导三个年级的十多位研究生,还给大学生上基础课,而且科研成果和专著不断问世。为便于国人学习苏联的数学成果,他又翻译了Г. М. 戈卢津的《单叶函数论的一些问题》和《复变函数的几何理论》,以及《复变函数论——30年来的苏联数学》。在他本人多年研究与教学积累的基础上写成的《直交函数的傅里叶级数之和》《实函数论》等专著也相继出版。1956年5月,陈建功和程民德、吴文俊代表中国出席罗马尼亚"国际函数论"会议。

1958年,浙江新建杭州大学,请陈建功担任副校长。杭州大学是一所综合大学,行政工作极为繁忙,但陈建功依然不知疲倦地从事教学与科学研究工作,还兼任复旦大学教授,同时在两校指导研究生。在他的指导下,杭州大学数学系有了长足的发展,函数逼近论与三角级数论等方面的研究队伍也在迅速成长。古稀之年的陈建功还应上海科技出版社之约,将自己数十年在三角级数方面的研究成果结合国际上的最高成就,写成了巨著《三角级数论》,1964年12月该书的上册出版。

正当陈建功送出《三角级数论》下册手稿时,"文化大革命"开始了,专家学者在劫难逃。陈建功这位公认的学术权威首当其冲,卓越的贡献也无法使他幸免于难,身心受到严重摧残。

1971年初,陈建功的身体状况每况愈下,胃出血严重,心肺等方面的并发症同时出现……1971年4月11日,一代学者陈建功教授与世长辞。

三、思维体操

同学们,让老师先给你们讲一则大数学家高斯的故事:高斯念小学的时候,他的老师在给同学们教完加法后,因为想要休息,所以便出了一道题目要同学们算算

看。题目是:

1+2+3+…+97+98+99+100=?

老师心里正想,这下子小朋友们一定要算到下课了吧,却突然被高斯叫住了。原来呀,高斯已经算出来了! 小朋友,你知道他是如何算的吗?

让我告诉大家他是如何计算出来的:把1加至100与100加至1排成两排相加,也就是说:

1+2+3+4+…+96+97+98+99+100

+100+99+98+97+96+…+4+3+2+1

=101+101+101+…+101+101+101+101

这样一来,就共有一百个101相加。但算式重复了两次,所以还要把10100除以2,便得到了答案,等于5050。

这也就是"高斯定理"。你看懂高斯的计算方法了吗? 你也可以试着做一做哦!

1+2+3+4+5+6+7+8+9=(   )。

你能很快做出来吗?

再试试这两道题:

2+4+6+8+10+12+14+16+18=(   );

1+3+5+7+9+11+13+15+17+19+21+23+25+27+29=(   )。

你可以自己写出几道这样的题吗? 试一试!

四、数学趣题

以下算式中,每个图形都代表一个数,你能算出这个数是多少吗?

(1)△+□=9;○-△=1;△+△+△=9。

△=(   ),□=(   ),○=(   )。

(2)△+○=15;○+☆=8;△+○+☆=21。

△=(   ),○=(   ),☆=(   )。

(3)你+我=7;你+他=18;你+我+他=24。

你=(   ),我=(   ),他=(   )。

五、数学游戏

先计算出结果,再按数字顺序连线。只要记住排列的顺序,就可以画出一幅漂亮的画了。说说看:画出的是什么图画呢?

$$3 + 5 \longrightarrow 4 + 6 \longrightarrow 4 + 8 \longrightarrow 16 - 9 \longrightarrow 9 + 9$$

$$1 - 1 \longrightarrow 10 - 4 \longrightarrow 5 + 6 \longrightarrow 13 + 7 \longrightarrow 7 + 8$$

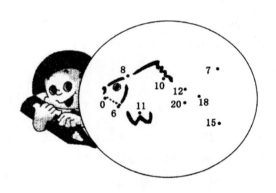

第二节　数学符号的由来

一、文化大观园

> 同学们，你们知道数学中的"+、-"和"＞、＜、="的由来吗？让我来告诉你们吧！

加号、减号的由来

　　古埃及最早的加号——

　　古希腊的丢番图以两数并列表示相加，以一条斜线"／"做加号使用 。

　　"+"号是由拉丁文"et"（"和"的意思）演变而来的。16世纪，意大利科学家塔塔里亚用意大利文"plu"（"加"的意思）的第一个字母表示加，草写为"μ"，最后变成了"+"号。15世纪后，德国人最早使用现代加号"+"。而最先于印刷的书内使用加号"+"的是出生于捷克的德国人魏德美。"-"号的创造者也是这位数学家，他从加号中减去一竖，表示减少。

等号的由来

　　最早的等号—— 3β

　　丢番图则以"⌐ᵟ"或"ᴙ"为等号；巴赫沙里残简中以相当于"pha"的字母为等号；到了15世纪，阿拉伯人盖拉萨迪以"♪"表示相等；雷格蒙塔努斯则以水平的破折号"——"为等号。

　　雷科德于1557年出版的《砺智石》一书中，首次采用现今通用的等号"="，因此这个符号亦称为雷科德符号。

16世纪法国数学家维叶特用"="表示两个量的差别。可是英国牛津大学数学、修辞学教授列考尔德觉得:用两条平行而又相等的直线来表示两数相等是最合适不过的,于是等号"="就从1540年开始使用起来了。1591年,法国数学家韦达在菱形中大量使用这个符号,至此,它才逐渐为人们所接受。17世纪德国莱布尼茨也广泛地使用了"="。

大于号、小于号的由来

荷兰数学家吉拉尔用"A ff B"表示"A大于B",用"B&A"表示"B小于A"。

1631年,英国数学家奥特雷德在《数学入门》里用⎣⎤表示大于,用⎣⎤表示小于。

英国人哈里奥特于1631年开始使用">"及"<",但并未为当时的数学界所接受,这两个符号直至一百多年后才逐渐被广泛使用。

二、数学家故事——泰勒斯

泰勒斯出生于公元前624年,是古希腊第一位闻名世界的大数学家。他原本是一位很精明的商人,靠卖橄榄油积累了相当的财富后,泰勒斯便开始专心从事科学研究和旅行。他勤奋好学,同时又不迷信古人,勇于探索,勇于创造,积极思考问题。他的家乡离埃及不太远,所以他常去埃及旅行。在那里,泰勒斯接触到了古埃及人在几千年间积累的丰富的数学知识。他游历埃及时,曾用一种巧妙的方法算出了金字塔的高度,使古埃及国王阿美西斯钦羡不已。

泰勒斯的方法既巧妙又简单:选一个天气晴朗的日子,在金字塔边竖立一根小木棍,然后观察木棍阴影的长度变化,等到阴影长度恰好等于木棍长度时,赶紧测量金字塔影的长度,因为在这一时刻,金字塔的高度也恰好与塔影长度相等。

我们从泰勒斯的故事中能得到什么有益的启迪呢?

在泰勒斯以前,人们在认识大自然时,只满足于对各类事物提出"怎么样"的解释。而泰勒斯的伟大之处,在于他不仅能做出"怎么样"的解释,而且还加上了"为什么"的"科学问号"。在人类文化发展的初期,泰勒斯自觉地提出这样的观点,是难能可贵的。它赋予数学以特殊的科学意义,是数学发展史上一个巨大的飞跃,所以泰勒斯素有数学之父之称。

三、数学趣题

1. 杯子中有 1、2、3 三块石头,要使水面下降得尽量少,应该把其中哪一块拿出来? 要使水面下降得尽量多,又应该把其中哪一块拿出来?

2. 把鹅蛋、鸡蛋、鹌鹑蛋分别放入下图中装了相同多水的三只碗里,猜猜看:它们分别放在哪只碗里?

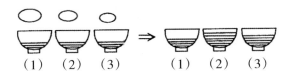

(1)号碗里是(　　　),(2)号碗里是(　　　),(3)号碗里是(　　　)。

3. 要使下图中的四杯盐水一样咸,请你把需要放进的盐量按从多到少的顺序排列一下。

(　　　)>(　　　)>(　　　)>(　　　)。

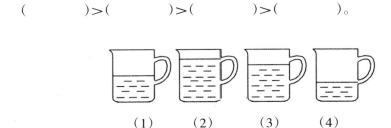

四、数学游戏

1. 每一横行、每一竖行都必须有1、2、3, 每一横行、每一竖行的数不重复。

1		
	1	
	2	1

		1
	2	
	1	

1		
		2

五、数学魔术

在1到9这9个数字中, 你最喜欢哪一个? 我可以不假思索地让12345679乘上一个数, 使乘积里全是你向往的数字。

第三节　好玩的七巧板

一、文化大观园

> 小朋友们玩过七巧板吗? 它可是我们汉族传统的智力游戏。就让我们一起来玩玩七巧板吧!

七巧板又叫作智慧板、七巧图, 是我国古代的一种拼板工具。七巧板中有长方形、平行四边形和三角形。它的数目不多, 却能拼出各种各样的图形, 如能拼出从0

到9的十个数字,或汉语拼音字母,也能拼出几何图形、动物、建筑物等。那简简单单的七巧板,竟能拼出千变万化的图形来。谁能想到呢? 这种玩具,是由一种古代家具演变而来的。

七巧板最初传到外国时,被称为"唐图",意思是来自中国的拼图。有关专家认为七巧板的发明是受了唐代的"燕几"的启发。"燕"即"宴",就是唐人创制的专门用于请客吃饭的小桌子,它的特点是可以随宾客人数多少而任意分拆组合。

到了北宋,一个叫黄伯思的官员,对几何图形很有研究,他对这种"燕几"又做了进一步改善,设计成6件一套的长方形案几系列。黄伯思是一个热情好客的人,他家里经常宾朋满座。他设计的这套6张小桌子组成的"燕几",可以根据吃饭人数的不同,把桌子拼成不同的形状。比如3人就拼成三角形,4人就拼成四方形,6人则拼成六边形……这样用餐时人人方便,气氛更好。后来,黄伯思的朋友宣谷卿看到这套桌子后,十分欣赏,又为其增设了一件小几,以便增加变化,同时改名为"七星桌",这应该就是七巧板的雏形了。

到了元、明两代,为了顺应都市生活对组合家具的需要,许多工匠都借鉴黄伯思的"燕几图",采用木块进行模拟设计。据说有个叫严澄的明朝官员根据"燕几图"的原理,尝试着引进了三角形,设计成一套十三件的几案系列,合起来呈蝶翅形,分开组合的图形可达百余种,并据此编成"蝶几谱"。

到了明末清初,拼图玩具从工匠设计图板中脱颖而出,并逐渐演变成了一种常见的数学游戏。当时人们用薄木片或厚纸板做成七件样式,用它拼图做游戏,十分巧妙好玩,所以人们叫它"七巧板",也称"七巧牌",古代的家具终于演变成了一种玩具。可以说,七巧板是在生活的实用价值和艺术审美的结合过程中产生的。清朝,皇宫中的人们经常用它来庆贺节日和娱乐,拼成各种吉祥图案和文字,故宫博物院里至今还保存着当时的七巧板呢!

七巧板在明、清两代传往国外,立刻引起了外国人极大的兴趣,有些外国人通宵达旦地玩它。在欧洲,大约在1805年出版的《新编中国儿童谜解》中,有24幅七巧图,并附有一份木制的七巧板。随后,1810年在法国,1818年在德国和美国,都纷纷出版了关于七巧板的书,在意大利出版的书中还介绍了中国的历史。这些书的前言中写道:"这是一种男女老少、达官贵族、平民百姓无不喜欢的消遣游戏,而且它不像其他赌具那样会让您输掉钱财。"七巧板传往欧洲至今风靡不衰。1978年荷兰人编写了一本有关七巧板的书,书中搜罗了1600种图形,并被译成多国文字出版。而中国现存最早有关七巧板的书籍《七巧图合璧》,是1813年出版的。

二、数学家故事——华罗庚

华罗庚(1910—1985),世界著名数学家,中国科学院院士,美国国家科学院外籍院士,第三世界科学院院士,联邦德国巴伐利亚科学院院士。

华罗庚于1910年出生于江苏常州金坛区,他小时候就很爱动脑筋,下课了,小伙伴们都出去玩了,他还在教室里考虑老师讲的问题。有时候思考问题过于专心,同学们叫他他都听不见。久而久之,同学便送给他一个外号,叫他"罗呆子"。

有一次,他跟邻居家的孩子一起出城去玩,他们走着走着,忽然看见路旁有座荒坟,坟旁有许多石人、石马。这立刻引起了华罗庚的好奇心,他非常想去看个究竟。

于是他就对邻居家的孩子说:"那边可能有好玩的,我们过去看看好吗?"

邻居家的孩子回答道:"好吧,但只能待一会儿,我有点害怕。"

胆大的华罗庚笑着说:"不用怕,世间是没有鬼的。"说完,他首先向荒坟跑去。

两个孩子来到坟前,仔细端详着那些石人、石马,用手摸摸这儿,摸摸那儿,觉得非常有趣。爱动脑筋的华罗庚突然问邻居家的孩子:"这些石人、石马各有多重?"

邻居家的孩子迷惑地望着他说:"我怎么能知道呢? 你怎么会问出这样的傻问题,难怪人家都叫你'罗呆子'。"

华罗庚很不甘心地说道:"能否想出一种办法来计算一下呢?"

邻居家的孩子听到这话大笑起来,说道:"等你将来当了数学家再考虑这个问题吧! 不过你要是能当上数学家,恐怕太阳就要从西边出来了。"

华罗庚不顾邻家孩子的嘲笑,坚定地说:"以后我一定能想出办法来的。"

当然,计算出这些石人、石马的重量,对于后来果真成为数学家的华罗庚来讲,根本不在话下。

金坛县城东青龙山上有座庙,每年都要举行庙会。少年华罗庚是个非常喜欢凑热闹的人,凡是有热闹的地方都少不了他。有一年,华罗庚也同大人们一起赶庙会,一个热闹场面吸引了他,只见一匹高头大马从青龙山向城里走来,马上坐着头插羽毛、身穿花袍的"菩萨"。每到之处,路上的老百姓纳头便拜,非常虔诚。拜后,他们向"菩萨"身前的小罐里投入钱,就可以问神问卦,求医求子了。

华罗庚感到好笑,他自己不跪不拜。站在旁边的大人见后很生气,训斥道:"孩子,你为什么不拜? 这菩萨可灵了。"

"菩萨真有那么灵吗?"华罗庚问道。

一个人说道:"那当然,看你小小年纪千万不要冒犯了神灵,否则,你就会倒霉的。"

"菩萨真的是万能的吗?"这个问题在华罗庚心中盘旋着。他不相信一尊不会动的"菩萨"真能救苦救难。

庙会散了,看热闹的老百姓都回家了。而华罗庚却远远地跟踪着"菩萨"。看到"菩萨"进了青龙山的庙里,小华罗庚急忙跑过去,趴在门缝向里面看。只见"菩萨"能动了,他从马上下来,脱去身上的花衣服,又顺手抹去脸上的装束。门外的华罗庚惊呆了,原来百姓们顶礼膜拜的"菩萨"竟是一个村民装扮的。

华罗庚终于解开了心中的疑团,他将"菩萨"骗人的事告诉了村子里的每个人,人们终于恍然大悟。从此,人们都对这个孩子刮目相看,再也无人喊他"罗呆子"了。正是这种打破砂锅问到底的精神,使华罗庚后来成为一名卓越的数学家。

华罗庚的老师打开他的数学作业,总会发现许多地方都有涂改,一点也不整洁。老师开始很不满意,后来却发现华罗庚是在不断改进和简化自己的解题方法。发现了他的数学才能后,老师就尽心地培育他。初中毕业后,华罗庚考进上海中华职业学校,学到最后一个学期,家里实在拿不出50元食宿费,只好让他退学,所以他的一生都只有初中文凭。但华罗庚失学回家后并没有放弃学习,他一边自学数学,一边帮助父亲经营小棉花店。

空闲时,他常常用包棉花的纸解答数学题。一天,爸爸让他去内屋打扫。打扫完毕,他回到柜台一看,就哭了:"我的算术草稿纸呢?"爸爸左找右找,忽然,指着远处一个人的背影说:"我把棉花包卖给他了。"华罗庚追上他,敬了个礼,掏出笔,把题抄在了手背上。路人都说:"这真是个怪孩子。"华罗庚一钻进数学题里就好像入了无人之境,不是忘记接待客人,把客人气走了,就是算错了账,多找了钱。有时顾客来买东西,人家问东他答西,免不了耽误了生意。晚上,店关门了,他就自学到深夜。父亲眼见他不把心思花在买卖上,一气之下夺过他手中的书,要扔进火炉,幸亏母亲抢了下来,才没把书烧掉。

一次,华罗庚看杂志的时候,发现一篇数学论文有错误。他写出批评论文,寄给了上海《科学》杂志,不久便被刊登了出来。这篇文章改变了他的道路,使他最终正式迈向数学殿堂。

就是这样,无论外界条件如何,华罗庚始终不放弃研究数学,所以才成了令人敬仰的数学大师,一生研究硕果累累。

三、数学实验

七巧板是深受孩子们喜爱的一种智力游戏。那么,如何自制七巧板呢?

方法:

1. 准备厚纸板(建议用资源回收的废纸板来做),将纸板割成正方形(宽度最好是4的倍数,比如16 cm)。

2. 用铅笔在纸板上画出16等分的方格。

3. 接着用红线一步步呈现其分割的方式。先画出正方形的对角线。

4. 然后连接左边这个三角两边的中点,画出一条直线。

5. 找出第二条短红线的中点,连接它与正方形右上角的顶点,画出一条直线。

6. 画出最下面一行右边第二个正方形小格子的对角线。

7. 最后一条线是左边第一列中间两个正方形小方格的右侧边。

8. 用刀沿着红线将纸板割开。

9. 这样,我们的自制七巧板就大功告成了,不要忘记擦掉铅笔画的线哦。

1　　　　　　　　　2　　　　　　　　　3

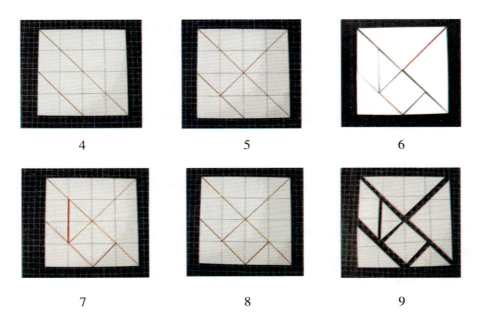

四、七巧板中的数学

七巧板中也蕴含着各式各样的现代数学问题。

最先得到关于七巧板的现代数学研究成果人的是两位中国学者。1942年，王福春和熊全治在《美国数学月刊》上发表了"关于七巧板的一个定理"的论文，重点研究七巧板能够拼成多少个凸多边形，还证明了用七巧板能够拼接成的凸多边形有 13 个，并在文章中列出了这 13 个凸多边形的摆法。

他们的论文创立了一个研究凸形七巧图的数学流派。创造性的开拓有三点：第一，把七巧板划分成 16 个小等腰直角三角形；第二，把这 16 个基三角形拼成的凸多边形画在一个长方形之中，使得凸多边形的直边与长方形的边重合；第三，计算出由这 16 个基三角形拼接成的所有凸多边形，然后用七巧板拼接它们，把那些不可能由七巧板拼出的凸多边形剔除掉。

1976年，埃弗斯写了一本数学著作《七巧板》，发展了王福春和熊全治的方法，进一步讨论了连通格点七巧图的凸性数问题。他的创造有两点。第一，应用了数论中的格点概念表达王福春和熊全治的创造，把讨论对象确定为七块板的每个顶点都与格点重合的七巧图，称为格点七巧图。若考虑图形的连通性，则讨论的数学对象为连通格点七巧图。第二,给一个格点七巧图拼接上若干个基三角形使之成为凸多边形,为此所需要加上的基三角形个数的最小值称为该格点七巧图的凸性数,这样形成的凸多边形称为该格点七巧图的凸壳。这样一来,王福春和熊全治所研究的七巧图就成了凸性数为零的连通格点七巧图。

在这样的基础上,埃弗斯讨论了问题:连通格点七巧图凸性数的上限是多少?他得到了若干定理,并指出连通格点七巧图的凸性数不会超过56。

但是,凸性数等于56的连通格点七巧图人们始终摆不出来,它似乎不可能实现。钱颂光在文章"关于七巧板的数学问题"和专著《七巧板游戏》中介绍,鹿特丹的两个大学生摆出了凸性数为41的连通格点七巧图,这是迄今为止凸性数最高的实际拼摆成果。但是,遗憾的是他们并没有解决"连通格点七巧图的凸性数的上限是多少?"的问题。

1996年8月,在"第八届全国青少年创造发明比赛和科学讨论会"上,华南师范大学附属中学的学生王紫微解决了这个问题,她的研究发现有四点:第一,在凸壳的基础上构建了"星套",它比七巧图略大而远小于凸壳,边长则与凸壳相等,它可以精细地限定七巧图;第二,从星套出发证明了连通格点七巧图实现的必要条件,并得到了关于连通格点七巧图参数的约束条件;第三,建造了描写连通格点七巧图的数学模型;第四,应用电子计算机,进行穷举计算搜索,得到可能实现七巧图的星套,再进行摆布剔除。

最后,王紫微得到结论:56不是连通格点七巧图凸性数的上限,连通格点七巧图凸性数的上限是41;凸性数等于41的连通格点七巧图有三种不同的实现方案,荷兰大学生实现的是其中一类的一种摆法。这是迄今最好的结果。

五、数学游戏

同学们,我们已经了解了这么多关于七巧板的知识,你能利用手中的七巧板拼出下面的图形吗?

1.人物

2.动物

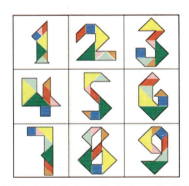

3.数字

同学们,除了以上图形你还能设计出什么来? 发动你的智慧,用你的双手亲自摆一摆,并给他们起个名字吧!

第四节　找规律

一、文化大观园

小朋友,你知道我们生活中有哪些规律吗?今天就让我们一起来学习并认识规律吧!

一只青蛙一张嘴,两只眼睛四条腿;

两只青蛙两张嘴,四只眼睛八条腿。

这首儿歌充分地反映了生活中常见的数学规律。客观事物发展过程中的本质联系具有普遍性的形式。规律和本质是同等程度的概念,都是指事物本身所固有的、深藏于现象背后并决定或支配现象的方面。然而本质是指事物的内部联系,由事物的内部矛盾所构成;规律则是就事物的发展过程而言的,指同一类现象的本质关系或本质之间的稳定联系,它是千变万化的现象世界的相对静止的内容。规律是反复起作用的,只要具备必要的条件,合乎规律的现象就必然重复出现。

世界上的事物、现象千差万别,它们都有各自的互不相同的规律,但就其根本内容来说可分为自然规律、社会规律和思维规律。自然规律和社会规律都是客观的物质世界的规律,但它们的表现形式有所不同:自然规律是在自然界各种不自觉的、盲目的动力的相互作用中表现出来的;社会规律则必须通过人们的自觉活动表现出来。思维规律是人的主观思维形式对物质世界的客观规律的反映。

二、数学家故事——杨辉

杨辉,字谦光,汉族,钱塘(今浙江省杭州市)人,南宋杰出的数学家和数学教育家,与秦九韶、李冶、朱世杰并称宋元数学四大家。杨辉是世界上第一个排出丰富的纵横图并讨论其构成规律的数学家。

杨辉的这一成就,还得从一件偶然的小事说起。一天,台州府的地方官杨辉坐轿出外巡游,半路上被一个在路中间算题的孩童拦住道路不能通过。杨辉一看来了兴趣,连忙下轿,抬步来到前面。

杨辉摸着孩童的头说:"为何不让本官从此经过?"

孩童答道:"不是不让经过,我是怕你们把我的算式踩掉,我又想不起来了。"

"什么算式?"

"就是把1到9九个数字分三行排列,不论直着加、横着加还是斜着加,结果都等于15。我们先生说下午之前一定要把这道题做好,我正算到关键之处。"

杨辉连忙蹲下来,仔细地看孩童的算式,觉得这个算式似乎在哪儿见过。仔细一想,原来是西汉学者戴德编纂的《大戴礼》中的文章提及的。

杨辉和孩童两人一起运算起来,直到过了晌午,两人才舒了一口气。结果出来了,他们又验算了一下,全是15,这才站了起来。结果如右图所示。

4	9	2
3	5	7
8	1	6

杨辉回到家中反复琢磨,一有空闲就在桌上摆弄这些数字,终于发现了其中的规律。按照类似的规律,杨辉又得到了花十六图——把从1到16的数字排列在四行四列的方格中,使每一横行、纵行、斜行四数之和均为34。

后来,杨辉又将散见于前人著作和流传于民间的有关这类问题的研究加以整理,得到了五五图、六六图、衍数图、易数图、九九图、百子图等许多类似的图。杨辉把这些图统称为纵横图,于1275年写进自己的数学著作《续古摘奇算法》一书中,并流传后世。

《杨辉算法》中的纵横图

但长期以来,人们习惯于把它当作纯粹的数学游戏,并没有给予应有的重视。直到近代,随着组合数学的发展,纵横图显示了越来越强大的生命力,在图论、组合分析、对策论、计算机科学领域中都找到了用武之地。

三、数学思想方法——归纳法

归纳论证是一种由个别到一般的论证方法。它通过许多个别的事例或分论点，归纳出它们所共有的特性，从而得出一个一般性的结论。归纳论证可以先举事例再归纳结论，也可以先提出结论再举例加以证明。前者即我们通常所说的归纳法，后者往往称为例证法。例证法就是一种用个别、典型的具体事例证明论点的论证方法。归纳法则是从个别性知识引出一般性知识的推理，是由已知真的前提，引出可能真的结论。它把特性或关系归结到对特殊代表的有限观察的类型中，或基于对反复再现的现象进行有限观察，找出规律，得出公式。

把这个方法想成多米诺效应也许更容易理解一些。例如：你有一列很长的直立着的多米诺骨牌，如果你可以：

1.证明第一张骨牌会倒。

2.证明只要任意一张骨牌倒了，那么与其相邻的下一张骨牌也会倒。

那么便可以下结论：所有的骨牌都会倒下。

四、数学趣题

1. 考查目的：直观图形的变化规律。

2. 考查目的：结合直观图形的变化规律来发现数字的变化规律。

4　　2　　4　　2　　4　　2　　4　　2　　___　___　___

3. 考查目的:结合直观图形的变化规律来发现数字的变化规律(这里呈现的是递增的规律)。

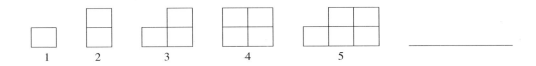

4. 先找规律,再填数。

(1)1、3、5、7、(　　　)、(　　　);

(2)25、20、15、10、(　　　)、(　　　);

(3)1、2、4、7、(　　　)、16、22、(　　　)、(　　　);

(4)1、2、3、5、8、(　　　)、21、34、(　　　)。

考查目的:通过观察、计算,发现数字之间的规律,并学会验证答案的正确性。

5. 找规律,填空。

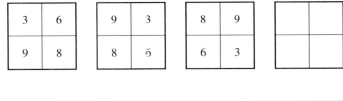

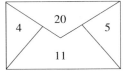 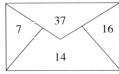 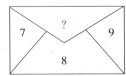

考查目的:发现规律并综合运用规律。

五、数学游戏

1. 把小猴子跳到的地方标出来。

(1)两格两格地跳。

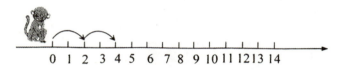

0 1 2 3 4 5 6 7 8 9 10 11 12 13 14

(2)三格三格地跳。

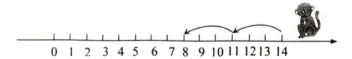

0 1 2 3 4 5 6 7 8 9 10 11 12 13 14

考查目的:结合数轴,直观体验排列规律。

第五节 认识人民币

一、文化大观园

小朋友,你认识人民币吗?你都知道哪些面值的人民币?你知道人民币的用途吗?今天就让我们一起来认识人民币吧!

纸币是用纸印制的兑换币,它本身没有价值,但它可以代替足值货币充当流通手段。它是在货币执行流通手段职能的过程中产生的。

中国是世界上第一个使用纸币的国家。公元11世纪,中国四川地区出现了世界上第一张纸币——北宋的交子。之后,纸币便在中国各朝代沿袭下来了。南宋发行的有会子、关子，金代发行的有交钞、宝石券，元代发行的有元宝交钞、通行宝钞，明代发行的有大明宝钞，清代发行的有大清宝钞。到了民国以后，纸币已成为流通主币。明代的大明宝钞是世界上迄今为止最大幅面的纸币，其币面为209毫米×320毫米。

最早的西方纸币是受中国纸币的影响，于1661年由瑞典发行的。中国的纸币与西方最早的瑞典相比，还早了900多年。

钱是人类社会进化的产物。古代有食物与农作物，或者衣物与动物之间的交换，后来有些大的物件不易拿到市场上去交换，人们就发明了一种写有等价值记号的瓦片、石头、纸币，一直发展成了现在的人民币。

我国一共发行过几套人民币？现在使用的是第几套人民币？你能介绍其中的一两套吗？

新中国成立后，先后共发行了五套人民币。现在正在流通使用的是第五套人民币。

第一套人民币发行于1948年12月，具有票种多、版面杂、面额大的特点，而且没有主、辅币之分。

第二套人民币发行于1955年3月，划分了主、辅币，具有11种面额，13个票种。采用凹凸印技术，显示了我国当时货币领域的新特点。发行过程中有两次改版，一是1953年版红色1元券的改版，二是1953年版酱紫色5元券的改版。

第三套人民币发行于1962年4月，12年间共发行7种面额、8种原版、9种票券。

第四套人民币发行于1987年4月，至1997年4月，共发行9种面额、14种票券。第四套人民币是发行筹划设计时间最长的一套人民币，前后历经18年。同时，在纸张、油墨、制版、印刷等方面均采用了新型防伪技术。

第五套人民币发行于1999年，并于2005年进行一次改版，现在正在流通领域内广泛使用。而在2015年11月12日，我国又发行了新版的100元人民币，其规格、主图案、主色调等均保持不变，对票面图案、防伪特征以及布局上进行了一些调整，提高了机读性能，并采用了先进的公众防伪技术。

我们应该如何爱护人民币？

人民币是我国的法定货币，爱护使用人民币是每个公民的义务。使用人民币时应注意以下几点：

1. 收付人民币要平铺整理,不要乱揉乱折;

2. 不能在人民币上乱涂、乱画、乱写和乱盖印记;

3. 出售油污、污染商品的收款人员,要把手擦干净再收款,以免弄脏人民币;

4. 防止化学药物对人民币的浸蚀,在生活中不要将肥皂、洗涤剂等与人民币放在一起;

5. 不要在金属币上凿字、打眼、锤击、折弯等,以免使硬币变形和受损;

6. 对破损的人民币要及时粘补,随时到银行营业部门办理兑换;

7. 对在人民币上乱写、乱画的不良行为,要进行批评教育。

二、数学家故事——熊庆来

熊庆来(1893—1969),云南弥勒县人,中国现代数学的先驱,为中国数学事业的发展做出了杰出贡献。

熊庆来的父亲熊国栋精通儒学,但更喜欢新学,思想很开明,对熊庆来的影响很大。少年时的熊庆来常常从他父亲那里听说有关孙中山民主革命的事情,这在幼年熊庆来的心里播下了爱国的种子。

1907年,熊庆来考入昆明的云南方言学堂,不久又升入云南高等学堂。当时清王朝已日薄西山,各地的反清斗争风起云涌,抗捐、抗税、罢课、罢市、兵变遍及全国,清政府陷入风雨飘摇之中。熊庆来由于参加了"收回矿山开采权"的抗法反清示威游行而遭到学校的记过处分。现实的生活与斗争让熊庆来认识到:要使国家富强,必须掌握科学,科学能强国富民。

1913年,熊庆来赴欧洲留学。1914年,第一次世界大战爆发,他从比利时经荷兰、英国,辗转到了法国巴黎。8年间先后获得高等数学、力学及天文学等多科证书,并获得理学硕士学位。1921年,28岁的熊庆来学成归国,一心想学以致用,救民于水火。1949年6月,国民党反动政府趁熊庆来去巴黎参加国际会议的机会,解散了熊庆来苦心经营12年的云南大学。年近花甲的熊庆来怀着"壮志难酬,报国无门"的心情,决定滞留法国继续从事函数论的研究。

"……祖国欢迎你,人民欢迎你! 欢迎你回来参加社会主义建设的伟大事业……"1957年4月,周恩来总理写信给熊庆来,动员他回国。同年6月,熊庆来在完成了函数论专著稿后,毅然启程,回到了祖国的怀抱。他表示,愿意在社会主义的光芒中鞠躬尽瘁,献身于祖国的学术建设事业。在回国后的7年中,他在国内外学术杂志上发表了近20篇具有世界水平的数学论文,还培养了杨乐、张广厚等一批数学人才,为祖国赢得了荣誉,充分表现了这位七旬老人热爱祖国的赤子之心。

1969年,一代宗师、著名数学家熊庆来先生与世长辞。临终之前他还表示为人民鞠躬尽瘁,死而后已。

三、数学思想方法——等量代换思想

同学们是否听过"曹冲称象"的故事? 这个故事是这样的:中国古时候有个大官,叫曹操。有人送给他一头大象,他很高兴,带着儿子和官员们一同去看。

大象又高又大,身子像堵墙,腿像四根柱子。官员们一边看一边议论:象这么大,到底有多重呢? 曹操问:"谁有办法把这头大象称一称?"有的说:"得造一杆大秤,砍一棵大树做秤杆。"有的说:"有了大秤也不行啊,谁能提得起这杆大秤呢?"也有的说:"把大象杀了,割成一块一块的再称。"

曹操听了直摇头。曹操的儿子曹冲才七岁,他站出来,说:"我有个办法。把大象赶到一条大船上,看船身下沉了多少,就沿着水面,在船舷上画一条线。再把大象赶上岸,往船里装石头,等船下沉到画线的地方,称一称船里的石头,不就知道大象有多重了吗?"曹操微笑着点点头。他叫人按照曹冲说的办法去做,果然称出了大象的重量。这个故事启发我们:如果某些数学问题不能直接解决的话,可以把原有的条件或者问题等量代换,寻找解题线索。

例1:已知$\triangle=3$,$\bigcirc=5$,求$\triangle+\bigcirc=?$ $\bigcirc-\triangle=?$

例2:$\triangle+\bigcirc=8$,$\bigcirc=\triangle+\triangle+\triangle$,求$\triangle=?$ $\bigcirc=?$

解:将两个等式编号:

$\triangle+\bigcirc=8$(1)

$\bigcirc=\triangle+\triangle+\triangle$(2)

将(1)式中的$\bigcirc$用(2)式中的3个$\triangle$代替

得$\triangle+\triangle+\triangle+\triangle=8$,$\triangle=2$,$\bigcirc=\triangle+\triangle+\triangle=2+2+2=6$

你能试一试下面的题吗? 在右边写一写你是怎么想的?

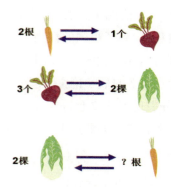

四、数学文化

1. 钱币（货币）的来源是什么？

货币是商品交换长期发展过程中分离出来的特殊商品，是商品交换发展的自然结果。随着生产活动的逐步发展，商品交换逐渐变成经常的行为，必然要求有一个一般等价物作为交换的媒介。当一般等价物逐渐固定在特定种类的商品上时，它就定型为货币了。

货币自诞生以来，经历了实物货币、金属货币、信用货币等数次转变。货币的"祖先"脱胎于一般的商品，比如贝壳、龟壳、布帛、可可豆、鲸鱼牙，甚至玉米等，都曾在不同地区的不同时期充当过货币。后来，取代实物货币的是金属，比如金、银、铜、铁等，它们都曾长时间扮演过货币的角色。在金属货币之后诞生了纸币，也就是所谓的信用货币。

2. 古代的钱币是怎样的？你能介绍一两个朝代的钱币吗？

中国是世界上最早使用货币的国家之一。"贝"是我国最早的货币，而随着商品交换的迅速发展，海贝已无法满足人们的需求，人们开始用铜仿制海贝。中国最古老的金属货币是铜铸币：一是"布"，是铲形农具的缩影；二是"刀"，是刀的缩影；三是"铜贝"，在南方楚国流通，通常被称为"蚁鼻钱"。秦朝统一中国后，秦始皇于公元前210年颁布了中国最早的货币法，规定在全国范围内通行秦国圆形方孔的半两钱。到了汉武帝时期，中央收回了郡国铸币权，由中央统一铸造五铢钱。

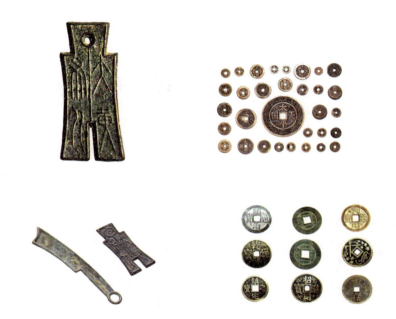

秦、汉钱币

秦灭六国后,废除各国的布币、刀币等旧币,将方孔半两钱作为法定货币,中国古货币的形态从此固定了下来,一直沿用到清末。

宋、辽、金、西夏钱币

中国宋代是铸币业比较发达的时期,数量和质量上都超过了前代。宋朝货币以铜钱为主。南宋以铁钱为主。北宋以后年号钱才真正开始盛行,几乎每改年号就铸新钱。同时,白银的流通亦取得了重要的地位。

清朝钱币

主要以白银为主,小额交易往往用"钱"。清初铸钱沿袭两千多年前的传统,采用模具制钱,后期则仿效国外,用机器制钱。清朝末期,太平天国攻进南京后,亦铸铜钱,其钱币受宗教影响较大,称为"圣宝"。

五、数学游戏

请你和你的几个好朋友掷骰子,掷出几点就在下图的格子中走几步。算一算到终点时你还有几元钱,看看谁的钱数多。

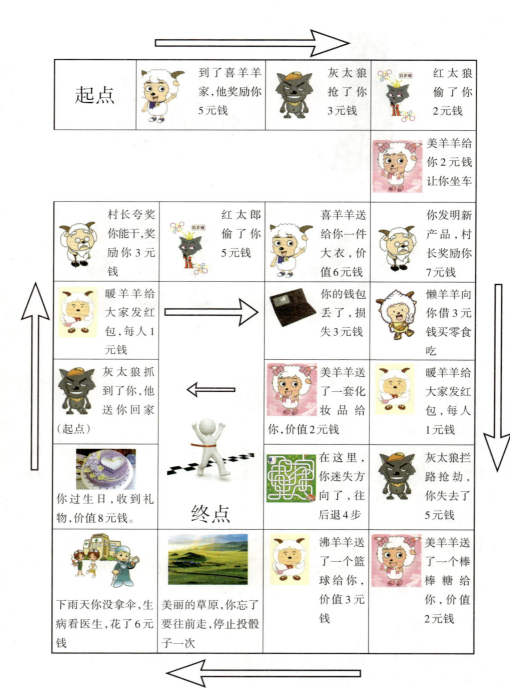

第六节　有趣的计算

一、文化大观园

《孙子算经》记载："一纵十横，百立千僵，千十相望，万百相当。"这说的就是我国古代的一种十分重要的计算方法——算筹。

　　数学中的计算产生于人类社会的生产和实践活动，有着悠久的历史。古人最初用石块、绳结记事，后来又用手指记数，计算就是在记数的基础上产生的。例如，古巴比伦人编制了各种数表来帮助计算，他们在泥板上记载了当时他们已掌握的许多计算方法，比如乘法表、倒数表、平方和立方表、平方根表和立方根表，甚至还有指数表。古埃及人的数学知识包括记数法、算术、代数和几何四个方面，他们通过学习掌握数学知识，已经学会用数学来管理国家和宗教事务、确定付给劳役者的报酬、求谷仓的容积和田地的面积、计算建造房屋所需要的砖块数等等，还会计算酿造一定量酒所需的谷物数量。

　　从历史上看，中国传统数学是以计算为中心的数学。在我国古代，数学称为"算术"，它包括了今天初等数学中的算术、代数、几何和三角等多方面的内容。"算术"一词最早见于公元前1世纪编成的《周髀算经》卷上。

　　在计算的算法方面，中国最重要的数学经典《九章算术》有世界上最早的系统的分数运算法则，包括分数的加、减、乘、除，比较分数的大小和通分、约分算法等。《九章算术》中还有各种比例问题的计算和"盈不足"算法，其中开方算法程序不仅表现了中国筹算所能达到的高超的算技，而且充分体现了中国数学思想方法的构造性和

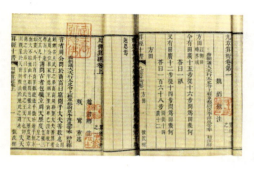

算法的机械化特色。在实际计算中,中国又是世界上最早承认"负数"并正确使用"负数"的国家。在解"方程"进行消元的过程中,要进行两行间的对减相消,不可避免地会出现"以大减小"不够减的情形,要保证这种机械化的算法畅通无阻,就必须引进负数并建立正、负数的运算法则。魏晋时期的数学家刘徽用红、黑两种颜色的算筹区别正、负,当用一种颜色的算筹时可以在摆法上以"正""邪"(斜)区别正、负,为世界独有。这两种方法,对后来的数学发展都有着深远的影响。

二、数学家故事——陈景润

陈景润,福建福州人,1933年5月22日出生。1953年毕业于厦门大学,留在校图书馆工作。1957年后,历任中国科学院数学研究所助理研究员、研究员,中国科学院数理学部委员。

陈景润出生在一个小职员的家庭里,父亲希望这个孩子的降生能给家中带来"滋润"的日子,因此给他起了个吉利的名字——景润。

少年陈景润酷爱数学,数学成绩在班里总是名列前茅。他不善言谈,不喜欢交际,在那些穿着整齐、欢声笑语的同学面前,总是自惭形秽。只有在上课和做作业的时候,他才把自己并列到全班几十个同学之中,也只有在这个时候,同学们才对他刮目相看。

陈景润不仅学习刻苦,还利用业余时间博览群书,丰富自己的知识,他是班里有名的读书迷。他在家中排行老三,上面有一个哥哥和一个姐姐,他们喜欢这个不大吭声的弟弟。当时,他们最爱玩的儿童游戏,就是捉迷藏。陈景润爱看书,床头上放了不少他喜欢读的书。

游戏当然也是有诱惑力的。不过,陈景润捉迷藏的时候,方式有点特别,他往往拿着一本书,藏在一个别人不易发现的角落或桌子底下,一边津津有味地看书,一边等待别人来"捉"他。看着看着，他忘记了别人，而别人也忘记他了。爱书成癖，书中仿佛有着一个永远也无法穷尽的迷人天地，这种痴迷，深深地影响并改变了他的人生。兄弟姐妹了解他，久了，也习以为常了。

有一天，妈妈把米倒在锅里，添好水让他看着，然后就上街买菜去了。景润头也不抬地答应了妈妈，却照样看书。他的思路完全沉浸在功课之中，饭煳了也没闻到。等妈妈从菜市场回来，一锅米饭有一半已烧成黑炭。

对于读书的方法，陈景润在后来成名之后，在一篇文章中有一段十分精彩的自白：我读书不只满足于读懂，而是要把读懂的东西背得滚瓜烂熟，熟能生巧嘛！

1742年6月7日，德国数学家哥德巴赫提出了一个未经证明的数学猜想：任何一个偶数均可表示为两个素数之和，简称"1+1"。这一猜想被称为哥德巴赫猜想。1973年，陈景润发表论文"大偶数表示为一个素数与不超过两个素数乘积之和"（即"1+2"），把哥德巴赫猜想的证明推进了一大步，被国际学术界推为"陈氏定理"。他运用新的方法，打开了哥德巴赫猜想的奥秘之门，摘取了"攻克哥德巴赫猜想第一人"的桂冠，为世人所瞩目。

在数论中，有两个基本的概念，小学三年级和五年级我们会学到。一是偶数，凡是能被2整除的正整数，就叫偶数，如2、4、6……其余的1、3、5……就叫"奇数"。二是素数，除了1与它自身以外，不能被其他正整数整除的这种数，就叫"素数"，最初的素数有2、3、5、7、11等。另外的正整数，就是除1与它自身外，还能被别的正整数除尽，这种数叫作"复合数"（简称合数），合数有4、6、8、9、10……就是这些看去很普通的东西，却蕴藏着极为玄妙的天机。有一次上数学课，老师讲了一个故事：200年前，有一位名叫哥德巴赫的德国数学家提出了一个猜想：凡是大于2的偶数一定可以表示为两个素数之和（即1+1）。比如：4=2+2；6=3+3；8=3+5……哥德巴赫本人虽然对许多偶数进行了验证，都符合这一猜想，但他本人却无法进行逻辑证明。他写信向著名的数学大师欧拉请教，欧拉花了多年的精力，到死也没有证明出来。从此这道世界难题就吸引了成千上万的数学家，但始终没有人能将它攻克。因此，它被称为数学皇冠上的明珠。自从听了这个故事后，哥德巴赫猜想就时常萦绕在陈景润的脑海中。他常想：那颗明珠究竟会落到什么人的手中？中国人，还是欧洲人？应该是中国人拿下这道难题！他暗暗下了决心，从此更加发愤学习数学，有时简直到了如痴如醉的程度。后来人们在他的床底发现他为了证明哥德巴赫猜想，足足用了三麻袋之多的草稿纸。

正因为陈景润具有勇攀科学高峰的雄心壮志和刻苦钻研的精神,他少年时代的梦想才得以变成现实。他像一颗璀璨的明星,升上了数学王国的天空。

三、数学思想——抽象思想

数学抽象是对现实世界具有数量关系和空间形式的真实材料进行加工,提炼出共同的本质属性,用数学语言表达进而形成数学理论的过程。数学抽象思想是一般化的思想方法,对于培养人的抽象思维能力和理性精神具有重要的意义。

如看到1个鸡蛋,我们可以把它看成数字"1";爸爸给小明3支铅笔,妈妈给小明4只铅笔,总共有几支铅笔? 我们可以把3支铅笔和4支铅笔分别看成数字"3"和"4",并抽象出数学运算符号"+",总共有7支铅笔,抽象出算式"3+4=7"。又比如我们用数小棒、计数器等来学习和认识十进制计数法等等,这些都是抽象思想。小朋友们你们想想,除了这些,我们在学习哪些知识时还用了抽象的数学思想呢? 请在下面写一写。

四、数学趣题

1. $\boxed{}-\boxed{}=\boxed{}-\boxed{}=\boxed{}-\boxed{}=1$。

2. 有3个苹果、5个梨、8个香蕉,小方可以选择两种水果,她最多能拿到(　　　)个,最少能拿到(　　　)个。

五、数学游戏——妈妈的问题

小豆子放学一回到家,就发现家里多了三个成员:鸡、鸭、鹅。小豆子问道:"妈妈,你买鸡、鸭、鹅回来准备干什么?"

妈妈说:"给我的小豆子煲汤喝。"

小豆子见这三个小家伙十分可爱,舍不得用它们来做菜,就说道:"妈妈,养着它们吧,将来还会给我们生蛋呢!"

妈妈说:"留着它们也不难,不过你得回答出我的问题。"

小豆子见妈妈答应了,兴奋得一蹦三尺高,自信地说:"一言为定!"

　　妈妈问："我从市场上买回来时,鸡、鸭、鹅共重12千克,其中鸡、鸭共重7千克,鸭、鹅共重9千克。你知道鸭有多少千克吗?"

　　小豆子想了想,说:"鸭重4千克。"

　　妈妈又问道:"你是怎么求出来的?"

　　小豆子说:"因为鸡、鸭共重7千克,鸭、鹅共重9千克。用7+9求出一只鸡两只鸭一只鹅共重16千克,减去一只鸡、一只鸭、一只鹅共重的12千克,就能得到一只鸭有4千克了。"

第二章 数与形的来世与今生

第一节 长度单位的起源

一、文化大观园

> 小朋友,你已经二年级了,又长高了不少吧。你现在的身高是多少呢? 古代人没有尺子,他们是怎么测量身高或者其他物体长度的呢? 米和厘米又是怎么来的呢?

　　要了解古人测量的办法,就得用到我们所学过的图形与几何的知识,要了解几何学的起源。最早的"几何"就是"测地术",其发源地就是地处尼罗河流域的古埃及,尼罗河是古埃及文明的发源地,但尼罗河水每年都会泛滥一次,淹没大片的田地。洪水带来的泥土覆盖在田地上,使原有的田地界限无法辨认,为了重新确立边界,就慢慢形成一种专门的技术——测地术,于是就产生了很多测量长度的方法,如用手掌、脚步等来测量。但人的手、脚大小不一，这种测量方法在商品交换中遇到了困难，人们便发明了以物体作为测量单位来测量长度的方法。然而，这些方法只有在测量结果不需要很精确的情况下才可以使用。

人类为了找到一种可靠的、不变的尺度，作为度量距离大小的统一标准，费了不少周折。

3000多年前古埃及的纸草书中，就发现了人前臂的图形，那时候的人们用人的前臂作为长度单位，叫作"腕尺"。以埃及著名的胡夫的前臂作为腕尺建造的金字塔，塔高为280腕尺。公元9世纪撒克逊王朝亨利一世规定，他的手臂向前平伸，从鼻尖到指尖的距离定为"1码"。10世纪英国国王埃德加，把他的拇指关节之间的长度定为"1寸"。

相传我国古代大禹在治水时，曾用自己的身体长度作为长度标准进行治水工程的测量。唐太宗李世民规定，以他的双步，也就是左右脚各一步作为长度单位，叫作"步"，并规定1步为5尺，300步为1里。后来又规定，人手中指的当中一节长度为"1寸"。

到了公元18世纪，人们开始感受到这种用人身体作为长度单位的测量标准缺点很多。由于人的高矮不同，形成的长度单位的长短不同，非常混乱。人们迫切希望找到一种长度固定的度量单位，终于想起了地球。当时的人们认为地球的大小和长度不会变化，如果用地球上的一段距离作为长度单位，就可以得到固定不变的度量单位。

我国清朝的康熙皇帝，于1709—1710年在东北地区进行大规模的土地测量。由于当时的长度单位不统一，康熙皇帝规定地球子午线1度为200里，每里为1800尺。

1789年，法国科学院的著名数学家达兰贝尔和海谢茵进行实地测量，得出1米等于0.512074督亚士（法国古尺）。米尺采用十进制，长度固定，使用方便，因此很快得到其他国家的承认。1875年，17个国家的代表在法国签署了《米制公约》，正式确定米尺为国际公用尺，并用铂金做成长1020毫米，宽和高各为20毫米的"X"形标准尺，在尺的中间面的两端各刻三条线，在0摄氏度时，其中两条线的距离恰好为1米。

随着科学技术的发展，科学家们发现地球的形状和大小也在变化，因此米尺也不够准确；另外，国际米尺原型在刻画上也存在着缺陷，影响了米尺的准确性。1960

年第十一届国际大会上,决议废除1889年以来所沿用的国际米尺原型,把同位素气体放电时产生的一种橙色光谱波长的1650763.73倍作为1米。这种光米尺精确度很高,误差只有十亿分之二。

二、数学家故事——牛顿

牛顿是举世公认的有史以来最伟大的科学家之一,他的主要贡献是提出了万有引力定律、牛顿运动定律。

牛顿的幼年充满了辛酸,在他出生前3个月,父亲便去世了。之后母亲改嫁,他是由外祖母抚养成人的。23岁毕业于著名的剑桥大学后他留校工作,后因逃避伦敦流行的鼠疫来到母亲的农场里。在这里,他被一个常人熟视无睹的现象吸引住了。

有一次,他看到一个熟透了的苹果落在地上,便开始思索:为什么苹果会垂直落在地上,而不是飞到天上去呢? 一定是有一种力在拉它。那么这种将苹果往下拉的力会不会控制月球? 他就是通过这个看起来十分普通的现象,发现了著名的万有引力定律。这个定律的巨大作用很快就显示了出来,它解释了当时为人所知的天体的一切运动。

牛顿从事科学研究时非常专心,时常忘却生活中的小事。有一次,给牛顿做饭的老太太有事要出去,就把鸡蛋放在桌子上说:"先生,我出去买东西,请您自己煮个鸡蛋吃吧,水已经在烧了!"

正在聚精会神地计算的牛顿,头也不抬地"嗯"了一声。老保姆回来以后问牛顿煮了鸡蛋没有,牛顿头也没抬地说:"煮了!"老太太掀开锅盖一看,惊呆了:锅里居然煮了一块怀表,鸡蛋却还在原地放着。原来牛顿忙于计算,胡乱把怀表扔到了锅里。

牛顿搬进一幢新楼以后,开始研究光线在薄面上是怎样反射的。他每天都在读书、思考。早上起床穿衣服,突然想到了研究中的问题,他就像被定身法定住了一样,呆住了,然后开始实验或工作,所以他时常穿错了袜子或者在夏天穿上秋天的衣服。

"太阳光是最好的光源,肥皂泡是最理想的薄面,太阳光照到上面,它为什么会变得五颜六色呢?"

牛顿的脑子里翻江倒海了。他提着一桶肥皂水走到院子里,吹起了肥皂泡。你看,他那两只眼睛直盯着飘来飘去的肥皂泡,一个泡破了,接着又吹一个,太阳一出来他就吹,一吹就是几个小时。

邻居家的小孩子从楼窗上伸出头来,冲他叫:"疯老头! 你一只脚没穿袜子!"

邻居家的老太太摇着头:"老小,老小,老了倒成了孩子!"

后来人们知道了这疯老头就是英国皇家学会的研究员,他吹肥皂泡是在研究学问,不禁对他肃然起敬了。

牛顿最喜欢的地方就是实验室。他很少在两三点钟以前睡觉,有时整天整夜守在实验室里。为他做饭的保姆只好把饭菜放在外间屋的桌子上。

有一次,牛顿的一位朋友来看他,在实验室外面等了他好久,肚子饿了就独自把桌上的烤鸡吃了,不辞而别。过了好长时间,牛顿的实验告一段落,他才觉出肚子咕咕在叫,赶快跑出来吃鸡。他看到盘子里啃剩下的鸡骨头,居然对助手说:"哈哈,我还以为我还没吃饭哩,原来已经吃过了呀!"

还有一回,一个好朋友请牛顿吃饭,一边吃饭一边议论科学问题。饭吃到一半的时候,牛顿站起来说:"对了,还有好酒呢,我去取来咱们一起喝。"说完就向实验室跑去,一去就不回来了。朋友追过去一看,牛顿又摆弄上他的实验了。原来牛顿在取酒的路上忽然想出了一个新的实验方法,居然将取酒的事忘得一干二净了。

牛顿的这种轶事岂止三件,它们说明,牛顿酷爱科学,把自己的一切都献给了科学。正是因为牛顿有这种为科学献身的奋斗精神,他才能总结出牛顿三定律,对人类的进步做出了卓越的贡献。

你从牛顿的这几个故事中学到了他的什么精神?

同时,牛顿又完成了一项重要的光学实验,从而证明了白光是以赤、橙、黄、绿、青、蓝、紫的顺序排列的合成光。

1687年,牛顿出版了有史以来最伟大的科学著作《自然哲学的数学原理》。在这本著作中,他钻研了伽利略的理论,并归纳出著名的运动三大定律。除此之外,他发现的二项式

定理,在数学界也有一席之地。1704年,牛顿又出版《光学》一书,总结了他对光学研究的成果。

牛顿61岁那年被选为英国皇家学会会长,此后年年连任直至逝世。作为举世公认的最卓越的科学巨匠,他仍谦逊地说:"如果说我比别人看得远些,那是因为我站在了巨人的肩上。"1727年3月20日,84岁的牛顿逝世了。作为有功于国家的伟人,他被葬在了英国国家公墓,受到世人的瞻仰。

三、趣味数学小故事——巧测金字塔高度

金字塔是埃及的著名建筑,尤其以胡夫金字塔最为著名,整个金字塔共用了230万块石头,10万奴隶花了30年的时间才建成这个建筑。

金字塔建成后,国王又提出一个问题:金字塔到底有多高? 这个问题谁也回答不上来。国王大怒,把回答不上来的学者们都扔进了尼罗河。当国王又要杀害一个学者的时候,著名学者塔利斯出现了,他喝令刽子手们住手。国王说:"难道你能知道金字塔的高度吗?"塔利斯说:"是的,陛下。"国王说:"那么它高多少?"塔利斯沉着地回答说:"147米。"国王问:"你不要信口胡说,你是怎么测出来的?"塔利斯回答:"我可以明天表演给你看。"

第二天,天气晴朗。塔利斯只带了一根棍子来到金字塔下。国王冷笑着说:"你就想用这根破棍子骗我吗? 你今天要是测不出来,那么你也要被扔进尼罗河!"塔利

斯不慌不忙地回答："如果我测不出来,陛下再把我扔进尼罗河也为时不晚。"接着,塔利斯便开始测量起来。最后,国王也不得不服,因为他的测量是有道理的。

小朋友,你知道塔利斯是如何进行测量的吗?

在这个阳光明媚的日子里,塔利斯和他的助手及法老王一同来到金字塔的下面,准备测量。他首先测出那根棍子的长度,然后将它立在地上,这时地面上就出现了棍子的影子。当影子的长度等于棍子本身长度的时候,他就让助手测出金字塔的影子的长度。这样,在同一时间、同一地点的金字塔,它的高度和它影子的长度也相等。金字塔和它的影子以及两者顶端的连线组成一个等腰三角形,所以通过测量金字塔影子的长度,就可以知道金字塔的高度了。

古希腊人利用和他相近的办法,用一根竹竿甚至还测出了地球的半径,并且和现在科学家们测量出的数值相差不大,这在当时可是一项很了不起的成就。

四、数学游戏

有一根16厘米长的绳子,请你每次从上面剪下2厘米。多少次后,你剪下最后的一段呢?

五、数学趣题

井深27米,一只青蛙从某月1号早晨开始从井底往上爬。白天能爬3米,夜里又下降2米。照这样下去,这只青蛙几号才能爬到井上呢?

六、数学实验

你能利用一根1米长的竹竿,在太阳下测量出一个建筑物的高度吗?试一试,记录下你的测量方法。

第二节　乘法口诀的起源

一、文化大观园

小朋友们，你们都会背乘法口诀吗？乘法口诀一共有几句呢？你知道古时候的乘法口诀叫《九九歌》吗？

《九九乘法歌诀》，又称《九九歌》《九因歌》，是中国古代筹算中进行乘法、除法、开方等运算的基本计算规则，沿用到今日，已有两千多年的历史。现在我们学的"小九九"乘法口诀，是从"一一得一"开始，到"九九八十一"为止。而在古代，却是倒过来，从"九九八十一"起，到"二二得四"为止的。因为口诀开头两个字是"九九"，所以人们就把它称为《九九歌》，到十三四世纪的时候，才被倒过来，成了现在这样。

中国使用《九九歌》的时间较早。在《荀子》《管子》《淮南子》《战国策》等书中就能找到"三九二十七""六八四十八""四八三十二""六六三十六"等句子。由此可见，早在春秋战国的时候，《九九乘法歌诀》就已经开始流行了。

现在，人们一般把那些有心计、会算计、善谋划的人形容为心里有"小九九"。

不过欧洲的人们直到13世纪初都不知道这种简单的乘法表。西方文明古国希腊和巴比伦也有自己发明的乘法表，不过比起九九表更复杂些。巴比伦发明的希腊乘法表有一千七百多项，而且不够完全。由于在13世纪之前他们计算乘法、除法十分辛苦，所以能够除一个大数的人，会被人视作数学专家。13世纪初，东方的计算方法通过阿拉伯人传入欧洲，欧洲人发现了它的方便之处，便开始学习这个新方法。当时，两个数相乘这类题目，是大学者才会学的内容。

二、数学家故事——陶哲轩

从幼年开始,他就被"天才""神童""叹为观止""难以置信"等与神奇相关的词语包围。两岁就用积木教更大的孩子如何数数;9岁开始学大学数学课程;13岁成为国际数学奥林匹克迄今最年轻的金牌获得者;20岁获普林斯顿大学博士学位;24岁成为正教授;31岁荣获被誉为"数学界诺贝尔奖"的菲尔兹奖。

所到之处,他会受到摇滚歌星一样的礼遇;他被看作世界上最强大的"数学智囊";当其他数学家被问题卡住时,他是他们眼中最佳的"救火员"和最好的合作者。

他就是陶哲轩,世界顶尖华裔数学家。

陶哲轩,1975年7月17日出生在澳大利亚阿德莱德,是家中的长子,华裔数学家,任教于美国加州大学洛杉矶分校数学系,是澳大利亚唯一荣获数学最高荣誉菲尔兹奖的澳籍华人数学教授,也是继丘成桐之后获此殊荣的第二位华人。他是调和分析、偏微分方程、组合数学、解析数论、算术数论等近十个重要数学研究领域里的大师级数学家,被誉为"数学界的莫扎特"。

陶哲轩在幼年时期便展现出卓越的数学天分。

陶哲轩两岁时,父母就发现了他在数学方面的早慧。于是,他3岁半时被送进一所私立小学。然而,尽管智力明显超常,但他却不懂得如何与比自己大两岁的孩子相处。几个星期后,父母明智地将小哲轩送回了幼儿园。在幼儿园的一年半时间里,由母亲指导,他自学了几乎全部的小学数学课程。其间,父母开始阅读天才教育的书籍,并且加入了南澳大利亚天才儿童协会。陶哲轩也因此结识了其他的天才儿童。

陶哲轩5岁时,父母决定将他送到离家两英里外的一所公立学校。因为这所小学的校长向他们承诺可以为陶哲轩提供灵活的教育方案。一入学,陶哲轩就进入了二年级,但他的数学课则在五年级上。

在浓厚兴趣的驱使下,7岁的陶哲轩开始自学微积分。开明的校长又在他父母的同意下,主动说服了附近一所中学的校长,让小哲轩每天去该校听中学数学课。不久,小哲轩出了自己的第一本书,内容是关于用Basic程序计算完全数的。

8岁半时,陶哲轩就升入了中学。经过一年的适应后,他用三分之一时间在离家不远的弗林德斯大学学习数学和物理。在此期间,他开始以出色的数学竞赛考试成绩频频引起轰动。曾参加SAT(美国高考)数学部分的测试,得了760分的高分(800分为满分)。

10岁、11岁、12岁时,他参加国际数学奥林匹克竞赛,分别获得铜牌、银牌、金牌。他还未满13岁时就已赢得国际数学奥林匹克竞赛金牌,这项纪录至今也是由他所保持的。

这期间,美国约翰·霍普金斯大学的一位教授将陶象国夫妇和陶哲轩邀请到美国,游历了三个星期。夫妇俩曾请教费弗曼和其他数学家,陶哲轩是否真的是天才。"还好我们做了肯定的答复,否则今天我们会觉得自己是傻瓜。"费弗曼回忆说。

陶哲轩14岁时正式进入他中学时去听课的弗林德斯大学,16岁获得该校荣誉理科学位,仅一年后就取得了硕士学位。

17岁,他来到美国,开始攀登数学高峰,在普林斯顿大学师从沃尔夫奖获得者埃利亚斯·施泰因,21岁获得博士学位。

24岁,他被加利福尼亚大学洛杉矶分校聘为正教授,成为加利福尼亚大学洛杉矶分校有史以来最年轻的正教授。

2006年夏,他获得麦克阿瑟基金天才奖和被称为"数学界诺贝尔奖"的菲尔兹奖。

2006年末,陶哲轩开始在WordPress上写博客。在这里,他将自己科研的方方面面写下来,将一些自己觉得分量不够的论文思考结果直接贴出来与同行分享。

2008年他获得美国国家科学基金会的艾伦沃特曼奖。

2009年12月,成年后的陶哲轩第一次回到他的祖籍国——中国,作为总决赛的面试主考官,参与第二届"丘成桐中学数学奖"的评审工作,并在12月21日于清华大学主楼报告厅做演讲。当日下午,在人民大会堂,他接受了全国人大常委会副委员长陈至立的会见。

但仅仅只是聪明就能够取得这么多成就吗? 在陶哲轩自己看来,长大之后他最看中的是生命中的快乐:可以忘却的是所谓的"神童"称号,不可忘却的是从一名天才少年成长为卓越数学家所经历的坎坷与付出。

"我不认为聪明程度是在数学领域取得成功的最决定性因素……在数学研究中

极具天赋并不是必需的,但是你需要疴心和成熟,"在采访中,陶哲轩说,"事实上,问题从来就没有离开过我,但你得学着适应它。"

你觉得一个人要取得成就,什么最重要呢?

一位陶哲轩的粉丝——南开大学数学系的博士生——这样看待他的偶像的成长:"如果仅仅看这些事实(陶哲轩神奇的成就),任何人都难免会有仰视的感觉……其实,真正静下

心来搞科研的能力和早慧的先发优势有着根本的差别。从一个极其聪明的孩子,一步步成为世界一流的大数学家,这期间的辛苦付出和勤奋努力,才是这位天才走到今天最重要的资历。"

对于自己走过的数学之路,陶哲轩这样总结:"当我是小学生时,形式运算的抽象美及其令人惊叹的、通过简单法则的重复而得出非凡结果的能力吸引了我;当我是高中生时,通过竞赛,我把数学当作一项运动,并享受解答设计巧妙的数学趣味题和揭开每一个奥妙的'窍门'时的快乐;当我是大学生时,接触到构成现代数学核心的丰富、深刻、迷人的理论和体系,使我顿起敬畏之心;当我是研究生时,我为拥有自己的研究课题而感到骄傲,并从对以前未解决的问题提供原始性证明的过程中得到无与伦比的满足。直到开始作为一名研究型数学家的职业生涯后,我才开始理解隐藏在现代数学理论和问题背后的直觉力及原动力……直到最近,当我了解了足够多的数学领域后,才开始理解整个现代数学的努力方向及其与科学和其他学科的联系。"

三、数学方法——巧记"9"的乘法口诀

(1)个位从大到小,十位从小到大。

记住"四九三十六","五九"多少可以怎么想?"三九"多少可以怎么想? 为什么会出现这种情况呢? 因为都加了9。

(2)成组的规律。

小朋友们,请观察"9"的乘法口诀的积:除"一九得九"外,其他的积相互之间有哪些关系?

比如:"二九十八",18;"九九八十一",81。

两位数个位数字和十位数字交换了位置。你们还能找出几组这样的口诀吗?

"三九二十七",27;"八九七十二",72。

"四九三十六",36;"七九六十三",63。

"五九四十五",45;"六九五十四",54。

掌握了这个特点,有的时候不用从头背到尾。记住"二九十八",就把哪句也记住了?"九九八十一"。

(3)"9"的乘法口诀的得数还有这样的规律:

1个9,比10少1,是9;

2个9,比20少2,是18;

3个9,比30少3,是27;

……

9个9,比90少9,是81。

这个规律也能帮助我们熟记"9"的乘法口诀,比如"七九六十三",比70少7,即70-7=63。

(4)仔细观察"9"的乘法口诀的积,除9以外,都是两位数。这些两位数,把十位上的数字和个位上的数字加起来的和有什么特点?

十位上的数字和个位上的数字加起来都是9(1+8=9;2+7=9;…;8+1=9)。

(5)"9"的乘法口诀和我们的双手也有一个很特殊的规律,所以我们还可以用"手指记忆法"来帮助我们记忆。用10个手指来记,既有趣又记得牢!

请伸出双手。在记忆"一九得九"这句口诀时,我们可以弯曲左手小拇指,在弯曲的手指右侧还有9根手指,这里的"9"就代表积个位上的9。同样,在记忆"二九十八"时,弯曲左手无名指,弯曲的手指左侧有1根手指,这里的"1"代表积中十位上的数字1;弯曲的手指右侧还有8根手指,这里的"8"代表积中个位上的数字8。

总之,从左往右数,第几个手指弯曲,就表示"几九"。弯曲手指左边的手指数表示积的十位上的数字,弯曲手指右边的手指数则表示积的个位上的数字。

四、数学游戏

大清早,公鸡就大声地叫起来:"喔喔喔,喔喔喔,喔喔喔,喔喔喔。"

一只小喜鹊被惊醒了,不高兴地喊:"这么冷的天,谁在叫啊? 真烦人。"喜鹊妈妈说:"孩子,该起床啦,公鸡也是为大家好,告诉我们天亮了。其实,它的叫声不但优美动听,还包含了一些有趣的数学知识呢!"

小喜鹊特别喜欢数学,一听妈妈这样说,就不再嚷嚷了。它仔细听了听公鸡的叫声,果然有规律,高兴地叫起来:"我明白了,我明白了! 公鸡每次叫3个'喔'字,一共叫了12个'喔'字,4×3=12嘛! 我已会!"

于是,它也发出了有趣的声音。早晨醒来的其他动物们听了,直夸这个孩子真能干。

小朋友们,喜鹊的叫声究竟可以写出什么样的乘法算式呢? 请试一试吧!

喳喳、喳喳、喳喳、喳喳、喳喳:( )×( )=( )。

小象听了不服气,咚咚咚地跑了过来,也用脚步声踏出了一道乘法题。

咚咚咚、咚咚咚、咚咚咚、咚咚咚、咚咚咚、咚咚咚:( )×( )=( )。

一会儿,小猪吹着小喇叭来了。

嘟嘟嘟嘟、嘟嘟嘟嘟、嘟嘟嘟嘟、嘟嘟嘟嘟、嘟嘟嘟嘟:( )×( )=( )。

不一会儿,各种小动物都来看热闹。

小狗说:"你们这样叫几声,吹几声谁不会啊,要把乘法题画出来才算本事呢!"说完,它就在雪地里走了几步,停下后也上出现了几个像梅花一样的脚印。它得意地说:"看,我画的每朵梅花都有6个花瓣,4朵梅花一共有多少个花瓣呢?"

五、数学趣题

下面算式中相同的汉字代表相同的数字,请你将算式中的"数""学"换成恰当的数字。

$$学×学=数学。$$

那么,这个算式是:( )×( )=( )。

六、数学实验

小朋友们先来看看这两个算式:68×43=2924,86×34=2924。

你发现了吗? 尽管这两个算式每个乘数的十位和个位上的数字都交换了位置,但它们的积相等。我还要告诉你一个秘密:乘数个位上两个数字的积等于十位上两个数字的积,如8×3=6×4,这才是最重要的。你说,这两个算式像不像一对好姐妹呀!我觉得很有趣,因此就给它们取了个有趣的名字——姐妹式。

我们一起来找一找这样的姐妹式吧!先把《乘法口诀表》中的算式写出来,然后找出积相等的算式,如1×4=4、2×2=4。我找出了以下5种:

1. 由1×4=2×2=4,得出12×42=504,21×24=504;

2. 由1×6=2×3=6,得出12×63=756,21×36=756;

3. 由1×8=2×4=8,得出12×84=1008,21×48=1008;

4. 由1×9=3×3=9,得出13×93=1209,31×39=1209;

5. 由2×6=3×4=12,得出23×64=1472,32×46=1472。

怎么样,我的发现很棒吧!你能找到类似的姐妹式吗?

第三节　钟表的起源

一、文化大观园

小朋友们,我们的生活中很多地方都有显示时间,比如手表、手机、电视等等。那你有没有想过:古代没有手表、手机时,人们是怎么计算时间的?钟表又是怎么发展来的呢?

中国古代有日晷、水钟、火钟、铜壶滴漏等,但这只能算是古人的计时器。没有嘀嗒嘀嗒的钟表声,都不能称作钟表。直到1090年,北宋宰相苏颂主持建造了一台水运仪象台,每天仅有一秒的误差。而且,它有擒纵器,正是擒纵器工作时能发出嘀嗒嘀嗒的声音。这就是钟表和计时器的区别。国际钟表界都把擒纵器视为钟表的心脏。在瑞士,一本世界钟表界的权威书刊上写道:"现代机械钟表中使用的擒纵器源于中国古代苏颂的发明。"此外,英国著名科技史学家李约瑟的一本书中同样写道:"苏颂把钟表机械和天文观察仪器结合起来,在原理上完全成功,他比罗伯特·胡克先生先行了六个世纪,比方和斐与胡克同被西方认为是天文钟表的发明人先行了七个半世纪。"12世纪以后,中国钟表技术传入欧洲,欧洲人才造出钟表。可以说是中国人开创了人类钟表史,并影响了后来西方钟表的进展。

古代人生活简单,除了饮食、渔猎、制造工具之外别无他事,所以日出而作,日落而息,用不着争取时间。进而人类群居,有了交易的时候,也不过是"日中为市,交易而退"。后来人事渐繁,尤其是农业发展起来后,人们逐渐体会到时间的重要性。时间观念随着人类文明程度的发展而有所不同,从早期的"立竿见影",到用圭表或日晷来测度时间,到要求准确时间的测度而发明了漏刻,再到后期发明水钟,以滴水增加重量推动轴杆或是齿轮运转,直到11世纪才有了机械钟。

二、数学家故事——丘成桐

丘成桐,1949年出生于广东汕头,老家在梅州蕉岭,在香港长大。其父曾在香港香让学院及香港中文大学的前身崇基学院任教。父教母慈,丘成桐的童年无忧无虑,成绩优异。但在他14岁那年,父亲突然辞世,一家人顿时失去经济来源。丘成桐不得不一边打工一边学习,却仍然以优异的成绩考入香港中文大学数学系。

19岁的时候,他来到美国伯克利。在伯克利学习期间他证明了卡拉比猜想、正质量猜想,开创了一个崭新的领域——几何分析。当年他只有28岁。也就是说,从入学伯克利到他在世界数学家大会做一小时报告之间相隔还不到10年。在他做报告的那一年,陈景润先生也同时被邀请做45分钟的报告。

大学期间,他以三年时间修完全部必修课程,还阅读了大量课外资料。他的突出成绩和钻研精神为当时的美籍教授萨拉夫所赏识,萨拉夫力荐他到美国加利福尼亚大学伯克利分校攻读博士研究生。20世纪70年代左右的伯克利分校是世界微分几何的中心,云集了许多优秀的几何学家和年轻学者。在这里,丘成桐得到IBM奖学金,并师从著名微分几何学家陈省身。

　　数学是奇妙的,也是生涩的。即使是立志在数学领域建功立业的年轻学生,能坚持到最后并做出成果的,也是寥若晨星。丘成桐正可谓这样一颗"晨星"。常常有这样的情景——偌大的教室中,听课的学生越来越少,最后竟然只剩下教授一人面对讲台下唯一的学生悉心教诲。这唯一的学生,就是丘成桐。到伯克利分校学习一年后,丘成桐便完成了他的博士论文,文中巧妙地解决了当时十分著名的"沃尔夫猜测"。他对这个问题的巧妙解决,使当时的世界数学界意识到一个数学新星的出现。

　　1976年,丘成桐被提升为斯坦福大学数学教授。1978年,他应邀在芬兰举行的世界数学大会上做题为"微分几何中偏微分方程作用"的学术报告。这一报告代表了20世纪80年代前后微分几何的研究方向、方法及其主流。这之后,他又解决了"正质量猜测"等一系列数学领域难题。

　　丘成桐的研究工作深刻又广泛,涉及微分几何的各个方面,成果累累。1989年,美国数学会在洛杉矶举行微分几何大会,丘成桐作为世界微分几何的新一代领导人出任大会主席。

　　1981年,丘成桐32岁时,获得了美国数学会的维布伦奖——这是世界微分几何界的最高奖项之一;1982年,他被授予菲尔兹奖章——这是世界数学界的最高荣誉;1994年,他又荣获了克劳福奖。

　　命运是公平的,奖章、荣誉,授予了那个在教室中坚持到最后的人。但这并不会让丘成桐止步不前。他继续进行着大量繁杂的研究工作,并不断取得成就。坚韧、坚持、锲而不舍,这就是丘成桐的精神。当然,也不是每个有着这样精神的人都能取得丘成桐一样的成就。数学需要勤奋,更需要天才。正如著名数学家尼伦伯格所说,丘成桐"不仅具备几何学家的直观能力,而且兼有分析家的才能"。著名数学家郑绍远先生回忆说,对于许多艰深的数学问题,丘成桐已思考近20年,虽然仍未解决,他还是没有轻易放弃思考。

　　丘成桐对中国的数学事业一直非常关心。从1984年起,他先后招收了十几名来自中国的博士研究生,要为中国培养微分几何方面的人才。他的做法是,不仅要教给学生一些特殊的技巧,更重要的是教会他们如何领会数学的精辟之处。他的学生田刚,也于1996年获得了维布伦奖,被公认为世界最杰出的微分几何学家之一。

丘成桐绝对不是一个完人,但他绝对是一个伟大的数学家。你可以不喜欢这个人,但你不可能不喜欢他的数学,他证明了许多妙不可言的定理。大家如果学数学,读到研究生的话你就会知道他的定理非常美妙,他的卡拉比猜想毫无疑问是数学中最深刻的定理之一,尤其是在超弦理论中应用之广不可思议,我想丘先生自己当年都没有想到。

他个性坚强,永不服输,永不言弃,著述等身,得奖无数。30年来,丘成桐不仅时刻把握着数学跳动的脉搏,引导着世界数学发展的潮流,还一直怀着一颗赤子之心,关心和帮助着中国数学的进步。他培养了众多的华人数学家,他的学生和博士后在国外各个重要的大学里都有。

三、数学趣题

钟鼓楼的钟打点报时,5点钟打5下需要4秒钟。算算看:中午12点时打12下需要多少秒钟呢?

四、数学实验

小明回家时看到爸爸正在锯一根钢管,就问爸爸要锯多长时间。爸爸对小明说:"锯一段要10分钟,现在我要将一根钢管锯成5段。"并让小明猜猜共需要多长时间。你能帮帮他吗?

五、数学之美

第四节 除法的来历

一、文化大观园

同学们，我们已经学习了加法、减法和乘法，今天我们将会学习一种新的运算。先来看看下面这个问题，想一想：你会用什么方法解决呢？

今天丽丽家来了三位好朋友，丽丽准备了15块巧克力，平均分给三个人。每人能分到几块呢？

除法的由来

除法最早使用是在先秦时期，或者更早一些。那个年代的《筭数书》中关于除法的表示方式共有7类19种，涉及55条。

在我国古代，人们很早就掌握了数的除法运算。自公元前春秋战国时代我国出现了用"九九表"计算乘法以后，人们也总结了用口诀来计算除法的方法。《孙子算经》上说："凡除之法，与乘正异。"当时我国主要是用算筹和口诀来计算除法的。

除号的由来

我们现在所使用的除法符号"÷"是一位瑞士学者雷恩于1659年在一本代数书中首先使用的。几年以后，该书被译成英文流传到欧洲，除号才逐渐被人们所认识和接受。但因为"÷"号在欧洲大陆曾长期被用来表示减法，为了与减法相区别，一位德国数学家莱布尼兹主张用"："做除号，与当时流行的比号一致。现在世界上有些国家仍然用"："做除号。

关于"÷"这个符号有两种说法：一种说法是该符号代表除法以分数的形式来表示，"－"的上方和下方各加一个点，分别代表分子和分母；另一种说法是以分数表示时，上下加点是用来与"－"区别的符号。

二、数学家故事——高斯

卡尔·弗里德里希·高斯（1777—1855），德国著名数学家、物理学家、天文学家、大地测量学家，是近代数学奠基者之一。高斯被认为是历史上最重要的数学家之一，并享有"数学王子"之称。高斯和阿基米德、牛顿并列为世界三大数学家，一生成就极为丰硕，以他的名字"高斯"命名的成果达110个，属数学家中之最。他对数论、代数、统计、分析、微分几何、大地测量学、地球物理学、力学、静电学、天文学、矩阵理论和光学皆有贡献。

关于高斯，流传最广的是他发现"高斯定理"的故事（见本书第7页）。不过你知道吗？小高斯在三岁时，就已经学会计算了。有一天他观看父亲在计算帮工们的工钱，当他父亲念叨了半天总算报出总数时，身边传来微小的声音，"爸爸！算错了，应该是这样……"父亲惊异地再算一次，果然是算错了。虽然没有人教过他，但小高斯靠平日的观察，自己学会了计算。

天刚蒙蒙发亮，爸爸已经在园子里默默地干活。小高斯十分懂事。他跟着妈妈，一会儿帮着给小鸡喂食，一会儿忙着把一盆盆鲜花端出去晒太阳。家里的唯一常客是舅舅弗雷德里希·本茨。他是位技术高超的锦缎织工，勤学好思，头脑机敏。舅舅十分疼爱聪明的小外甥。他一来总要给小高斯讲故事，做游戏，有时还带他出去捉蝴蝶，钓鱼，采蘑菇……和舅舅相处的这些愉快的时光，一直珍藏在高斯的记忆里。

4月的一天，风和日丽。小高斯骑在舅舅的肩上学"骑马"。他手里拿着一根小树枝，嘴里高声叫着："驾！驾！"俨然是位威武的将军。突然，嗒嗒奔跑着的"马"停了下来。原来，在河的上游漂来一根木头。

"小高斯，你说木头为什么不沉下去？"

"木头轻呗！"小高斯不假思索地回答。

舅舅弯下腰,拾起一颗小石子,又问:"这颗石子重还是那段木头重?"

"木头重。大木头重多啦!"

弗雷德里希并不吱声。只见他用力一扔,扑通一声,石子沉到了河底。

"……"

舅舅没有给小外甥解释,为什么比大木头轻的小石子会沉下去,但是,这件事给小高斯留下难忘的印象。他认识到,要达到正确的结论,必须有严密的推理。他逐渐养成习惯,遇事一定要问几个"为什么"。

舅舅是个有心人。为了让小外甥更好地成长,他省吃俭用,买来不少有趣的书籍。这一本本趣味盎然的小书使小高斯爱不释手。那里面有以损人开始、以害己告终的狡猾的狐狸和助人为乐的小白兔,也有孜孜以求的先贤哲人和为自由而壮烈献身的英雄。每逢这种时光,妈妈做起事来就蹑手蹑脚,生怕惊动孩子的思考。看着儿子那种着迷的神情,约翰只好无可奈何地摇摇头。这也难怪,因为哪家的穷孩子能够逃脱流汗干活的命?书读得再好,有什么用呢?

到了冬天,天还没有全黑,爸爸就催他上顶楼睡觉。这样既能够节省燃料,第二天还可以早些起床,帮着干活。顶楼又矮又小,直起身子来,就会碰脑袋。最糟糕的是上面没有灯,看书成了问题。小高斯急中生智,想出个好办法。他找来一棵芜菁,把里面挖空,塞进油脂,再用粗棉搓一根棉条做灯芯。借着微弱如豆的光亮,他蜷缩着身子,贪婪地咀嚼着书里的每一个字。知识的泉水汩汩地滋润着高斯幼小的心田。等到油脂烧尽,发出缕缕青烟,已经是寒气袭人,夜深人静了。

高斯在大学学习期间,又一次和他的朋友帕夫教授在黄昏时散步。他们漫步在蜿蜒的河岸上,迎面扑来野花的芳香,沁人心脾。帕夫像老朋友一样,向高斯畅谈他最新的研究和遇到的困难。教授坦率和善的性格深深博得高斯的喜爱和敬重。他聆听着教授精湛的见解,不时点头称是,偶尔插上一两句切中要害的评论。可惜谦虚的年轻人一句没有提到自己在数论中所取得的重大进展。这本来可以使教授得到同样的收获,甚至是更大的收获。

"晚上休息得好吗?"教授关切地问道。

"嗯,很好。"

"年轻人,你可别瞒我。我半夜醒来,看到你房间的灯还亮着呢。"

教授对客人不分昼夜地工作早有意见,想乘机提出他的忠告:"搞研究不是一朝一夕的事,要顾惜自己的身体。……"帕夫正说得起劲,忽然发觉旁边并没有人跟着,不禁吃了一惊。回头一看,他见到高斯正对着远处农舍闪烁的灯火出神,赶忙过去问个究竟。不料年轻人对他的招呼毫无反应!过了好一会儿高斯渐渐"苏醒",看到站在旁边不知所措的教授,才想起刚才发生的事情。原来这几天高斯正被费马的一个命题搞得寝食不安,他用通常的方法去证明都碰了壁。这个问题一直萦绕在他的脑际。在散步的时候,高斯猛然发现,为什么不利用分析的方法来证明呢?虽然这种方法一般并不是用来处理像整数这样一类离散的现象。他愈想愈觉得有理,不知不觉停下脚步,把教授撇在一边。

后来有人问起高斯成功的秘诀,高斯以其特有的谦逊回答道:"如果别人思考数学的真理像我一样深入持久,他也会找到我的发现。"

好像是为了证明自己的结论,有一次他指着《算术研究》第636页上的一个问题动情地说:"别人都说我是天才,别信它!你看这个问题只占短短几行,却使我整整花了4年时间。4年来我几乎没有一个星期不在考虑它的符号问题。"

这使人想起牛顿。当问到他怎样取得超过所有先辈的成就的时候,牛顿的答案同样简单:"因为时时刻刻想到它们。"

真是英雄所见略同。正因为深知自己为每一点滴的成就曾经倾注了多少心血,高斯知道怎样评价别人的工作。他根本不相信所谓牛顿和苹果的故事。他认为,这纯系无稽之谈。要不是牛顿在万有引力问题上已经有长期的酝酿和深入持久的思考,即使苹果落到他的头上也绝不会产生什么灵感。俗话说得好:灵感仅赐福于有心之人啊。

高斯对代数学的重要贡献是证明了代数基本定理,他的存在性证明开创了数学研究的新途径。事实上在高斯之前有许多数学家都自认为已经给出了这个结果的证明,可是他们的证明没有一个是严密的。高斯把前人证明的缺失一一指出来,然后提出了自己的见解,他一生中一共给出了四个不同的证明。高斯在1816年左右就得到非欧几何的原理。他还深入研究复变函数,建立了一些基本概念,发现了著名的柯西积分定理。他还发现椭圆函数的双周期性,但这些工作在他生前都没有被发表出来。

三、数学思想方法——穷举法

在解决有关记数问题的过程中,当需要计算的次数不多时,我们通常把要记数的所有对象一一列举出来,从而求出其总数,这种数学方法就是穷举法,又称列举法。

例:在1~50中,数字"2"出现了几次?

分析:在1~50这50个数中,"2"可能出现在个位和十位上。我们按数位来分类列举。

2在个位上:2、12、22、32、42,共出现4次。

2在十位上:20、21、22、23、24、25、26、27、28、29,共出现10次。

所以,"2"总共出现了4+10=14次。

练习:在1~100中,数字2出现了几次? 在1~200中,数字2出现了几次?

四、思维体操

韩信是汉代的一位军事家,在楚汉之争中为刘邦立下了汗马功劳。韩信善于用兵,韩信点兵有他自己独特的方法。

"韩信点兵"又称为中国剩余定理。相传汉高祖刘邦问大将军韩信统御兵士多少,韩信答说,每3个人一列余1个人、5个人一列余2个人、7个人一列余4个人、13个人一列余6个人……刘邦非常茫然,不知道到底有多少兵士。

下面的题是"韩信点兵"的类型题。

一排战士(11人以内)报数。1、2,1、2地报数,排尾的人报1;1、2、3,1、2、3地报数,排尾的人报2;1、2、3、4,1、2、3、4地报数,排尾的人报3。请问:一共有多少个战士呢?

五、数学趣题

有9个人在陌生的城市里迷路了,他们身上带的钱买来的食物只够吃5天。第二天,这9个人又遇到了另外一队迷路的人,但是他们已经没有粮食可吃了。大家便合在一起。假设另外一队中的每个人每天吃的粮食和那9个人中的每个人吃的一样多,再一算粮食,两队人合吃,只够吃3天。你知道第二队迷路的人有多少个吗?

第五节　克和千克的起源和发展

一、文化大观园

同学们,你和你的朋友做过"背一背"的游戏吗?你掂过自己的文具盒、数学书吗?感觉怎样?物体有轻也有重,那么你们知道表示物体轻重的单位有哪些吗?

远古以来,各个国家采用过不少名称各异的质量单位,比如英、美两国曾采用过的磅,英制的盎司,俄制的普特和不少国家采用的公斤,以及我国曾采用过的市斤、两、钱等等。现在世界各国普遍采用国际单位制,在国际单位制中,质量的单位是千克,符号是kg。

1960年,第十一届国际计量大会通过了国际单位制(国际代号为SI,我国简称其为"国际制"),将质量确定为七个基本物理量之一:其名称为"质量",简写为M或m;其单位名称为"千克",国际单位代号为"kg"。并做文字定义:千克等于国际千克原器的质量。国际千克原器是世界上目前所存的定义最早(1989年)、保存最严密的七个基本量中唯一的实物标准。这个实物标准的由来是这样的:18世纪中叶,法国为了改变国内计量制度的混乱情况,在规定通过巴黎的地球子午线的四千万分之一为1米的同时,在米的基础上规定了质量的单位,即规定1立方分米的纯水在4摄氏度时的质量为1千克(水在大约4摄氏度时密度最大),并且用铂制作了标准千克原器,保存在法国档案局,因而称这个标准千克器为"档案千克"。1872年,科学家们通过国际会议,决定以法国的档案千克为标准,用铂铱合金制作标准千克的复制器,并在制作的复制器中选了一个质量与"档案千克"最接近的作为国际千克原器,保存在巴黎国际计量局。1889年第一届国际计量大会批准以这个国际千克原器作为质量标准,沿用至今。中国"国家千克基准"在1965年由国际计量局检定,并由伦敦的Stanton仪器公司加以调整,严格保存在北京中国计量科学院的质量标准库中。

要知道物体的轻重,可以用秤称。你知道哪几种秤?

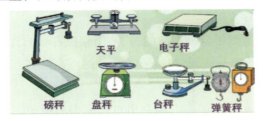

二、数学家故事——阿基米德

同学们,你们知道上图中的天平和台秤运用了什么原理吗? 它们都用到了杠杆原理。而杠杆原理,正是古希腊数学家阿基米德发现的。

阿基米德(公元前287—公元前212),伟大的古希腊哲学家、百科式科学家、数学家、物理学家、力学家,静态力学和流体静力学的奠基人,并且享有"力学之父"的美称。阿基米德和高斯、牛顿并列为世界三大数学家。他的主要贡献包括:发现几何体表面积和体积的计算方法,发现福利定理、杠杆原理。阿基米德曾说过:"给我一个支点,我就能撬起整个地球。"

公元前267年,阿基米德被父亲送到埃及的亚历山大城跟随欧几里得的学生埃拉托塞和卡农学习。亚历山大城位于尼罗河口,是当时世界的知识、文化、贸易中心,学者云集,人才荟萃,被世人誉为"智慧之都",文学、数学、天文学、医学的研究都很发达。

阿基米德在亚历山大城跟随过许多著名的数学家学习,包括有名的几何学大师——欧几里得,阿基米德在这里学习和生活了许多年,他兼收并蓄了东方和古希腊的优秀文化遗产,这对其后来的科学生涯产生了重大的影响,奠定了阿基米德日后从事科学研究的基础。

公元前218年罗马帝国与北非迦太基帝国爆发了第二次布匿战争。阿基米德利用杠杆原理制造了一种叫作石弩的抛石机,能把大石块投向罗马军队的战舰,或者使用发射机把矛和石块射向罗马士兵,凡是靠近城墙的敌人,都难逃他的飞石或标枪。阿基米德还发明了多种武器,用来阻挡罗马军队的前进。根据一些年代较晚的记载,当时他制造了巨大的起重机,可以将敌人的战舰吊到半空中,然后重重地摔下使战舰在水面上粉碎。

有一天叙拉古城遭到了罗马军队的偷袭,而叙拉古城的青壮年和士兵们都上前线去了,城里只剩下了老人、妇女和孩子,处于万分危急的时刻。就在这时,阿基米德为了自己的祖国站了出来。

阿基米德让妇女和孩子们每人都拿出自己家中的镜子,一起来到海岸边,让镜子把强烈的阳光反射到敌舰的主帆上。千百面镜子的反光聚集在船帆的一点上,船帆燃烧起来了,火势趁着风力越烧越旺,罗马人不知底细,以为阿基米德又发明了新武器,就慌慌张张地逃跑了。

这些武器弄得罗马军队惊慌失措、人人害怕,连将军马塞拉斯都苦笑着承认:"这是一场罗马舰队与阿基米德一人的战争","阿基米德是神话中的百手巨人"。

公元前212年,古罗马军队最终入侵叙拉古,阿基米德被罗马士兵杀死,终年七十五岁。阿基米德的遗体葬在西西里岛,墓碑上刻着一个圆柱内切球的图形,以纪念他在几何学上的卓越贡献。

三、数学思想——符号化

符号化思想即用符号化的语言(包括字母、数字、图形和各种特定的符号)来描述数学的内容,并有意识地、普遍地运用符号去表述研究的对象。

《义务教育数学课程标准》指出:"发展学生的符号感,并指出符号感主要表现在:能从具体情境中抽象出数量关系和变化规律;理解符号所表示的数量关系和变化规律;会进行符号间的转换;能选择适当的程序和方法解决由符号表示的问题。"在小学阶段,主要表现在前半部分。

数学发展到今天,已成为一个符号化的世界。英国著名数学家罗素说过:"什么是数学?数学就是符号加逻辑。"这充分表明了数学与符号间的关系。同时,符号也为全世界的交流提供了便利,如面对一个普通的数学公式 $C=2\pi r$,任何具有小学文化程度的人都知道它表示的意思,无论他来自地球的哪里。

符号化思想对数学的发展起着重要的推动作用。系统地运用符号,可以简明地表达数学思想,从而简化数学运算或推理过程,加快数学思维的速度,促进数学思想的交流。比如,在《九章算术》里,古代数学家对数学题是一题一题地处理的,其思维停留在算术水平上。符号化思想形成后,算术思维上升为代数思维,就可以将很多问题转化为方程的研究,按照未知量的个数或次数的不同进行分类处理。又如,对于简单的代数式若用古代文字表达则叙述得冗长繁杂,简洁、准确的符号化思想避免了日常语言的含糊性与歧义性,使数学思维变得清晰、准确。

那么,小学数学教材中的符号化思想体现在哪些方面?

现行小学数学教材十分注意符号化思想的渗透,这种思想的渗透是根据不同教学阶段的具体情况进行的。主要从以下几个方面做了有计划、有步骤的安排。

1. 引入了一些数学符号

小学数学教学中大致出现了如下几类符号:

(1)个体符号

如,数字:0、1、2、3、4等;

字母:a、b、c等;

已知量:a、b、c等;

常量:π等;

变量:x、y、z等;

习惯表示:梯形的上底a、下底b、高h等。

(2)表示一类数的符号

如,表示小数(".")、分数("—")、负数("-")、百分数("%")等。

(3)数的运算符号

如,加号("+")、减号("-")、乘号("×")、除号("÷")等。

(4)关系符号

如,等号("=")、约等号("≈")、大于号(">")、小于号("<")、不等号("≠")等。

(5)结合符号(体现运算等级)

如,小括号("()")、中括号("[]")、大括号("{}")。

(6)表示角度的计量单位和符号

这些符号的引入是根据小学生的年龄、思维特点,按照一定顺序,符合一定的逻辑,有步骤地引入的。

2. 用字母代表数

引进用字母表示数,是用符号表示数量关系和变化规律的基础。用符号表示具体情境中的数量关系,也像普通语言一样,首先要引进基本字母。在数学语言中,像数字以及表示数字的字母、表示点的字母、运算符号、关系符号等,都是用数学语言刻画各种现实问题的基础。

从第二学段开始学生接触用字母表示数,是学习数学符号的重要一步。从研究一个具体特定的数到用字母表示一般的数,是认识上的一个飞跃。

具体的数和运算符号所组成的式子只能表示个别具体的数量之间的关系,而用字母表示,既简单明了,又能概括出数量关系的一般规律,在较大范围内肯定了数学规律的正确性。比如,四年级下册第三部分"运算定律与简便运算"中陈述加法交换律时,除运用日常语言外,还用了数学符号语言,即字母等式"$a+b=b+a$"。在陈述加法结合律时也用了字母表达式"$(a+b)+c=a+(b+c)$"。另外,在陈述乘法交换律和结合律时,也运用了字母表达式。显然,它比用具体的数字来表示要更加概括、明确,比用日常语言表示更加简明、易记。这里的 a、b、c 不仅可以表示 1、2、3,也可以表示4、5、6、7……又如长方形的面积计算公式 $S=a \times b$,平行四边形的面积公式 $S=ah$,也是一样的道理。

通过以上各阶段的过渡,学生将逐步领会用字母表示数的优越性,符号化思想也初步形成。

3. 用符号代表图形

例如在三年级上册"数学广角"中安排比赛场次的问题,学生既可以按照书上的方法把四个国家的旗子画出来,也可以用简单的符号代替各个国家,示意性地安排比赛场次。

4. 变元

变元(代数)在早期的主要特征是以文字为主的演算,到了十六七世纪,数学家韦达、笛卡尔和莱布尼兹等数学家逐步引进和完善了代数的符号体系。

5. 用符号列方程,解决问题

以符号来表示未知数,以顺应的思路解决问题。符号的作用是使思考问题变得更简单。

四、数学趣题

我国秦代山西、北京等地产浅黄色和深褐色的黍子(去皮后叫作大黄米)。按秦代的旧制,100颗黍子的质量为1铢,24铢为1两,16两为1斤。1两约等于现在的16克。

小朋友,请你计算一下:1克黍子大约有多少粒?

五、寻找生活中的"千克"和"克"

我们已经认识了"千克"和"克"。每一件物品都有它自身的质量。哪些物品的质量适合用"克"表示,哪些物品的质量适合用"千克"表示,你清楚吗? 物品的质量与我们的生活息息相关,所以我们要到超市里去当一个快乐的小研究员。你准备好了吗?

请你在超市中收集物品的质量信息。

重约110克

重约450克

重约3千克

重约5千克

对于什么时候适合用"千克",什么时候适合用"克",你心领神会了吗? 请在回家后继续寻找生活中的"千克"和"克"。

第六节 生活中的推理

一、文化大观园

同学们,我来考考你们!

某年的一月份只有4个星期一和4个星期五,那么这一年的一月一日是星期几?你想出来了吗?这就需要我们通过分析和推理来得出结论!

推理是指由一个或几个已知的判断(前提),推导出一个未知的结论的思维过程。推理是形式逻辑。亚里士多德的工具论是形式逻辑发展的基础,可以说没有工具论就没有形式逻辑。

学习形式逻辑的知识,可以指导我们正确进行思维活动,准确、有条理地表达思想;可以帮助我们运用语言,提高听、说、读、写的能力;可以用来检查和发现逻辑错误,辨别是非。同时,学习形式逻辑还有利于掌握各科知识,有助于将来从事各项工作。

推理与概念、判断一样,同语言密切联系在一起。推理的语言形式为表示因果关系的复句或具有因果关系的句群。常用"因为……所以……""由于……因而……""因此""由此可见""之所以……是因为……"等作为推理的系词。

推理按推理过程的思维方向划分,主要有演绎推理、归纳推理和类比推理。推理方法主要有三段演绎法、联言分解法、连锁推导法、综合归纳法和归谬反驳法等。

二、数学家故事——费马

皮耶·德·费马是一位17世纪的法国律师,也是
一位业余数学家。之所以称"业余",是由于费马有
着律师的全职工作。根据法文实际发音并参考英文
发音,他的姓氏也常被译为"费尔玛"(注意"玛"字)。

费马最后定理在中国习惯称为费马大定理。西
方数学界原名"最后"的意思是:其他猜想都证实了,
这是最后一个。著名的数学史学家贝尔在其20世纪
初所撰写的著作中,称费马为"业余数学家之王"。
贝尔深信,费马比其同时代的大多数专业数学家都
更有成就。17世纪是众多杰出数学家活跃的时代,
而贝尔认为,费马是17世纪数学家中最多产的明星。

1629年以前,费马便着手重写公元前3世纪古希腊几何学家阿波罗尼奥斯失传
的《平面轨迹》一书。他用代数的方法对阿波罗尼奥斯关于轨迹的一些失传的证明
做了补充,对古希腊几何学,尤其是阿波罗尼奥斯圆锥曲线论进行了总结和整理,对
曲线做了一般研究,并于1630年用拉丁文撰写了仅有八页的论文"平面与立体轨迹
引论"。

费马于1636年开始与当时的大数学家梅森、罗贝瓦尔通信,对自己的数学工作
略有言及。但是"平面与立体轨迹引论"的出版是在费马去世14年以后的事了。因
而1679年以前,很少有人了解到费马的工作。而现在看来,费马的工作却是开创
性的。

三、数学思想——对应思想

对应是一种常用的数学思想方法,它在解决数学问题中应用非常广泛。教师应
充分重视对应思想在学生学习中的作用,使学生初步掌握这一数学思想方法。

1. 在数数中渗透对应思想

10以内数的认识的教学,就是利用了等价集合——一对应思想。教学中采用直观
形象的方式,借助于图形,通过物与物、物与形的对应,由数数过渡到认识自然数。

在数数时,实质是先要对实物进行分类,把每一类看作一个集合,然后依次指着集合中的每一个元素,分别同自然数中的1、2、3……相对应,直到最后的一个元素,同它对应的自然数就是这个集合中元素的个数,也就是物体的总数。

又比如在认识数字"7"时,一位老师先通过讲故事创设情景:小熊请客,来了6位朋友(出示图片)。这时又来了一位,共有几位呢? 请学生们数数后引出数字7。接着小熊准备请客人入座,并请客人吃桃子,每位客人一个桃子,每个桃子放在一个盘子里。提问:需要几把椅子? 几个盘子? 几个桃子?

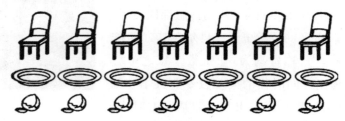

让学生进行比较,引导学生得出物体不同,但数目相同,都是7个的结论。再将图形隐去,剩下7个点。在上例中教师通过把动物、椅子、盘子、桃子与点一一对应起来,利用对应的思想,从形象生动的实物中逐步抽象出了点所表示的图,完成了从不同的实物中抽象出数字7的教学。7位客人、7把椅子、7个盘子、7个桃子,正是在一一对应的过程中完成了由具体到抽象的教学过程,促进了学生思维能力的发展。

2. 在估算教学和分数(百分数)应用题教学中应用对应思想

对应估算就是运用一一对应的思想,根据题目所呈现的材料,通过寻找对应量的方法进行估算。

如:看看下列几个式子,不计算,找出得数比9小的算式。

(1)4+5=9   (2)10-1=9

　　4+3   10-3

　　4+7   12-1

该例中,在第(1)题的三个加法算式中,一个加数相同,另一个加数发生了变化,它们的和也会发生相应的变化。通过比较对应加数间的大小关系,不计算就可直接找出得数小于9的算式。第(2)题估算时要注意区分被减数发生变化与减数发生变化两种不同情况下差的对应变化规律。

3. 对应思想在空间与图形中的应用

在空间与图形的内容中也深深蕴含着对应思想。如平行四边形面积公式的推导过程中,把平行四边形转化成长方形后,转化前后的两种图形也在多处体现了对应关系。"长方形面积"与"平行四边形面积"相对应,"长方形的长"与"平行四边形的底"相对应,"长方形的宽"与"平行四边形的高"相对应。在此种种对应的基础上,平行四边形的面积公式才得以水到渠成,跃然而出。还有利用长方形推导圆的面积公式、利用长方体推导圆柱体体积公式,以及圆柱侧面(曲面)与其展开图(长方形)之间,都无处不体现着一一对应的思想。就是在计算面积时也要强调对应,如计算三角形面积时,要向学生强调底与高的对应关系,否则极易出错。

在生活中也处处体现着对应思想。如给学生编学号,一个学生对应于一个学号,一个学号也只能对应于一个学生;居民身份证与居民本人的对应关系等等。不一而足。

通过以上例子我们可以看出,在教学中,应用对应思想方法,能使较为复杂的问题化隐蔽为直观,化难为易,帮助学生迅速、顺利地解决问题。

四、数学趣题

1号、2号、3号宝盒中分别装有绿、红、白三种颜色的球,且每个盒中分别只装一种颜色的一个球。1号盒中装的不是红球,3号盒中装的是绿球。你能推理出三个盒中分别装的是什么颜色的球吗?

五、数学实验

桌面上有六个杯子,左边是三个装满饮料的杯子,右边是三个空杯。只能移动一个杯子,要使这六个杯子满杯和空杯交错排列,你有办法吗?

第三章　探究多彩的数学世界

第一节　时、分、秒的起源

一、文化大观园

"嘀嗒、嘀嗒、嘀嗒……"秒针一下一下地走着，时间悄悄地流过。看着记录时间的时钟，你有没有过这样的想法：小时、分钟和秒是怎么来的呢？

　　白天和黑夜的自然循环、四季的变化等是人类最早建立起来的时间观念。但人们在同大自然的斗争中，需要根据时间更好地进行生产劳动，这就需要更加精确地计时。人类逐渐利用日影的移动、燃料的燃烧、物质的流动等原理制成了早期的计时工具。例如，我国在夏代(公元前21世纪至公元前16世纪)就创立了立杆测影的方法，根据杆影的方位变化确定不同的时间。日晷(读作"guǐ")就是在这个基础上

发展起来的一种计时器。日晷有一根固定的臂或针，还有一个刻有数字和分度的盘。将盘分成许多份，观察日影投在盘上的位置，就能分辨出不同的时间。日晷的计时精度能准确到刻（15分钟）。古代人还利用某些物质的流动现象来计时，如利用水从带有漏孔的容器或漏壶中流出的量来计量时间。我国古代的刻漏就是在竹木制的刻箭上，按其一昼夜在水面上浮沉的长度分刻成 100 个间距，每个间距即为一刻，故有"百刻"之称。自西汉起用 12 个时辰来表示一昼夜的变化，每一时辰合今天的两小时。12 个时辰以十二地支（子、丑、寅、卯、辰、巳、午、未、申、酉、戌、亥）为名。从夜间 11 时起到 1 时为子时，夜间 1 时至 3 时为丑时，其余类推。

　　古埃及人表示一昼夜的变化是把白天定为 10 小时，夜晚定为 12 小时。由于四季的变化，白天和黑夜的长短不一样，后来又把一昼夜变化均匀地分为 24 小时，每小时为 60 分钟，每分钟为 60 秒。这种计时方法一直沿用到今天，小时、分钟、秒遂成为全世界公用的时间计量单位。

　　由于科学技术的发展，要求统一计量制度，形成一套完整的体系。1960 年，经第十一届国际计量大会通过，正式把"秒'作为国际单位制的 7 个基本单位之一。1984年我国国务院发布《关于我国统一实行法定计量单位的命令》，也把"秒"作为时间的基本单位，并选定非国际单位制的时间单位"天（日）""小时""分钟"作为辅助单位。

二、数学家故事——笛卡尔

　　17 世纪法国先进科学思想的光荣代表勒内·笛卡尔，是一位卓越的近代哲学家，同时也是第一流的自然科学家。他对哲学、物理学、生物学、化学、医学和天文学都有重大贡献。他的音乐著作对十七八世纪的音乐家产生过很大影响。数学只是他研究的众多科目中的一个，但是他在数学上的成就，使他在其他方面的工作黯然失色。

　　19 世纪英国著名哲学家、经济学家穆勒说："笛卡尔的坐标几何远远超过他哲学上的任何成就，是严密科学中一

个最为重大的进展,它使笛卡尔的名字永垂史册。"

1616年秋天他独自偷偷出走,在后来称为圣·乔门的郊区找了一个僻静的住所,关起门来研究数学。数学无与伦比的严谨、精密与和谐令他心醉神往。他觉得,数学"提供了获得必然结论和有效地证明这种结论的方法",这是学校里灌输的经院哲学所望尘莫及的。随着新教和天主教争论日趋激化,任何权威都可以随心所欲地左右经院哲学的结论,这已经不是什么秘密。他感到数学的方法远远超出它的对象之外,只要对数学方法进一步提炼和完善,就可以用来解决哲学、自然科学和其他领域的一切问题。

笛卡尔夜以继日地学习着,思索着,转眼就是两年。一天,他在路上散步,不巧又被家乡同来的伙伴们发现。为了摆脱这群花花公子没完没了的纠缠,他只得更换住所。正好当时欧洲大大小小的战争连绵不断,他决定随着扣人心弦的鼓号声去周游世界,体验生活。这就开始了他的第一次军旅生涯。

笛卡尔首先来到荷兰,在奥兰治王室的莫里斯王子麾下接受训练。这时候荷兰还是西班牙的殖民地,莫里斯王子继承威廉亲王的事业,正在为从西班牙的手中赢得独立进行殊死的斗争。王子欢迎笛卡尔的到来,可是不让他直接参加战斗。笛卡尔闲着无事,只好独自在布雷达城里溜达。布雷达在荷兰西部,虽然不大,却还整洁;街道两旁商店林立,行人摩肩接踵,相当繁华。

一天,笛卡尔看到许多人正盯着城墙上的一块大告示牌,议论纷纷。他初来荷兰,对当地的文字还不大精通,于是他请身旁一位学者模样的人把荷兰文译成法文或拉丁文。原来,这是一道挑战性的数学难题,谁要是解答出来,不但可以得到一笔奖金,还将被授予"布雷达数学家"的荣誉称号。那人瞧了笛卡尔一眼,以为这位满脸络腮胡子的青年军官不过是凑凑热闹罢了。不料两天以后,笛卡尔带来了正确的解答,那人不胜惊讶。在交谈中笛卡尔才知道,他原来就是当时颇有名气的学者贝克曼。从此他俩一起讨论科学问题,成为亲密的朋友。笛卡尔从这次成功中看到了自己的数学才能,更加激起了他钻研数学的热情。

三、数学思想方法——归纳推理

所谓归纳推理(简称归纳),就是从特殊到一般,由部分到整体的过程,即根据一类事物的部分对象具有某种性质,推出这类事物的所有对象都具有这种性质的推理。例如,算数运算中就常常用到直接归纳推理,如对6+0=0,8+0=8,19+0=19,…,归纳为"任何数加零都等于它本身"。

探索1:观察下面的这组算式,你能从中发现什么规律?

14+41=55;34+43=77;27+72=99;46+64=110;38+83=121。

通过观察算式,能够发现这样一些规律:所有的算式都是两位数加两位数,且每个算式的两个加数中的一个加数的个位和十位数互换,变成另一个加数。再进一步观察,所有算式的得数有两位数也有三位数,但它们都是11的倍数。这样就可以大胆猜想并归纳结论:两个互换个位数和十位数的两位数相加,结果总是11的倍数。再举例验证:57+75=132=11×12;69+96=165=11×15。

探索2:计算并观察下面的这组算式,你能从中发现什么规律?

1=1×1;

1+3=4=2×2;

1+3+5=9=3×3;

1+3+5+7=(　　　　);

……

1+3+5+7+…+99=(　　　　)。

四、数学游戏

小明要赶车,于是他在家里挂钟显示7点55分的时候出发,走到汽车站看到车站的时钟显示8点10分。突然他想起忘记带东西了,于是他又以和来时相同的速度走回家。到家时,家里的挂钟显示的是8点15分。家里的挂钟和车站的时钟走得不一样快。谁快些? 差多少?

五、数学趣题

老钟每过一小时慢4分钟。3点时,小明拿这个老钟和一只走得很准的手表对过时,现在这只手表正好指在12时。请问:老钟还需要走多少分钟才能指在12时? 为什么?

六、数学实验

如果我们有7幢房子,每幢内养了7只猫,每只猫吃了7只老鼠,每只活的老鼠会吃掉7个麦穗,而每个麦穗可以产7单位面粉。那么,小朋友,你知道这些小猫保护了多少单位的面粉吗?

第二节　几何的起源及其发展

一、文化大观园

小朋友们,我们现在已经学习了很多图形。在数学里,研究空间形式、各种图形的性质及其相互关系的学科被称为几何学,它是数学的主要分支。今天就让我们一起来了解几何学吧!

人类最早是从自然界得到各种几何形式的。月亮有时候是圆形的、有时候是镰刀形的,光线是直的……人类依据自然界中的图形制造出了圆形和方形的各种器皿。

在古埃及,由于尼罗河每年泛滥一次,每次泛滥,洪水都会淹没两岸的土地。而一旦洪水退却,就需要重新测量土地。因此,便逐渐产生了关于几何形体的概念、性质及其度量方面的知识。今天的"几何"一词,源于希腊语,本意是指测量术,明末中国学者徐光启将之译为"几何",我们一直沿用至今。

最早的几何学当属平面几何。平面几何研究的是平面上的直线和二次曲线(即圆锥曲线,就是椭圆、双曲线和抛物线)的几何结构和度量性质(面积、长度、角度)。

小朋友，你现在都认识了哪些几何图形？他们各有什么性质呢？请写在左侧空白处。

之后，平面几何的内容很自然地过渡到了三维空间的立体几何。为了计算体积和面积问题，人们实际上已经开始涉及微积分的最初概念。

笛卡尔引进坐标系后，使得代数与几何紧密联系起来，促使了解析几何的产生。解析几何是由笛卡尔、费马分别独立创建的，这又是一次具有里程碑意义的事件。

几何学创建的初期，其内容还是繁杂和混乱的。有必要将这些几何学的内容用逻辑的锁链整理、串联起来。第一个完成这个工作的是古希腊数学家欧几里得。

欧几里得为学生写了一本课本，就是《几何原本》。《几何原本》大约成书于公元前300年，原书早已失传。全书共分13卷，书中包含了5条公理、5条公设、23个定义和467个命题。在每一卷内容当中，欧几里得都采用了与前人完全不同的叙述方式，即先提出公理、公设和定义，然后再由简到繁地证明它们。我们把欧几里得的《几何原本》构造的几何学称为"欧式几何"。

同学们，请你们查一查《几何原本》中的5条公理、5条公设、23个定义，自己阅读并理解。这对我们日后的数学学习帮助非常大哦！

《几何原本》中的第五公设一直没有得到证明。1815年，俄国喀山大学教授罗巴切夫斯基开始试图证明它，但几年的努力都失败了。他勇敢地抛弃了第五公设，提出了完全相反的公设——"罗氏公设"，建立了罗巴切夫斯基几何（"罗氏几何"）。再后来，高斯的学生黎曼提出了与前面两种几何完全不同的新几何，叫作"黎曼几何"。"罗氏几何"和"黎曼几何"合在一起统称为"非欧几何"。

几何学发展到现在已经有了形形色色的分支,如:微分几何、内蕴集合、拓扑学、闵可夫斯基建立的数的几何、与近代物理学密切相关的新学科热带几何、探讨维数理论的分形几何,还有凸几何、组合几何、计算几何、排列几何、直观几何等等。

二、数学家故事——欧几里得

欧几里得是古希腊著名数学家,欧氏几何学开创者。欧几里得出生于雅典,当时雅典就是古希腊文明的中心,浓郁的文化气氛深深地感染了欧几里得。他还是个十几岁的少年时,就迫不及待地想进入柏拉图学园学习。

一天,一群年轻人来到位于雅典城郊外林荫中的柏拉图学园。只见学园的大门紧闭着,门口挂着一块木牌,上面写着:"不懂几何者,不得入内!"这是当年柏拉图亲自立下的规矩,为的是让学生们知道他对数学的重视,然而却把前来求教的年轻人给闹糊涂了。有人在想,正是因为我不懂数学,才要来这儿求教的呀。如果懂了,还来这儿做什么? 正在人们面面相觑,不知是进是退的时候,欧几里得从人群中走了出来。只见他整了整衣冠,看了看那块牌子,然后果断地推开了学园大门,头也没有回地走了进去。

在原始社会里,人类在生产、生活过程中,积累了许多有关物体的形状、大小、相互之间的位置关系测量等方面的知识,但这些知识之间存在一个很大的缺点和不足,就是缺乏系统性,大多数是片段的、零碎的知识。因此,随着社会经济的发展,几何学在生产、生活中的利用逐渐增多,将几何学知识加以条理化和系统化,使其成为一整套可以自圆其说、前后贯通的知识体系,已经是刻不容缓的事了。欧几里得下定决心,要在有生之年完成这一工作,成为几何第一人。为了完成这一重任,欧几里得不辞辛苦,长途跋涉,从爱琴海边的雅典古城,来到尼罗河流域的埃及新埠——亚历山大城,为的就是在这座新兴的,但文

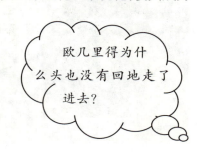

欧几里得为什么头也没有回地走了进去?

化蕴藏丰富的异域城市实现自己的初衷。在此地的无数个日日夜夜里,他一边收集以往的数学专著和手稿,向有关学者请教,一边试着著书立说,阐明自己对几何学的理解,哪怕是尚肤浅的理解。欧几里得忘我的劳动,终于在公元前300年结出丰硕的果实,这就是几经易稿而最终定形的《几何原本》一书。这是一部传世之作,几何学正是有了它,不仅第一次实现了系统化、条理化,而且又孕育出一个全新的研究领域——欧几里得几何学,简称"欧氏几何"。

几何学在欧几里得的推动下,逐渐成为人们生活中的一个时髦话题(这与当今社会截然相反),以至于当时亚历山大国王托勒密一世也想赶这一时髦,学点儿几何学。虽然这位国王见多识广,但欧氏几何却令他学得很吃力。于是,他问欧几里得:"学习几何学有没有什么捷径可走?"欧几里得笑道:"抱歉,陛下! 学习数学和学习一切科学一样,是没有什么捷径可走的。学习数学,人人都得独立思考,就像种庄稼一样,不耕耘是不会有收获的。在这一方面,国王和普通老百姓是一样的。"从此,"在几何学里,没有专为国王铺设的大道"这句话成为千古传诵的学习箴言。

还有一个故事是这样的:传说一个不爱学习的青年学生,在开始学几何学的第一个命题时就问欧几里得:"我学习了几何学之后将得到什么呢?"欧几里得思索了一下,请仆人拿点钱给这位学生。欧几里得说:给他三个钱币,让他离开吧,因为他想在学习中获取实利。

三、数学思想方法——分类思想

人们在面对比较复杂的问题时,有时无法通过整体研究解决,需要把研究对象按照一定的标准进行分类并逐类进行讨论,再把每一类的结论综合,使问题更容易解决,这种解决问题的思想方法就是分类思想。如平面中的多边形可以分为三角形、四边形、五边形等,三角形按角的特点又可

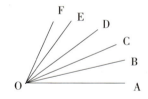

以分为锐角三角形、直角三角形、钝角三角形。

探索1:右图中有多少个角呢?

思路导引:本题用分类思想,以AO为一边的角有___个,以BO为一边的角有___个,以CO为一边的角有___个,以DO为一边的角有___个,以EO为一边的角有___个。发现规律了吗? 现在,你能算出图中有多少个角了吗? 用同样的方法,算一算下图中有多少个三角形?

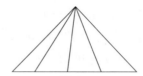

探索2:把一张1元的人民币换成零钱,现在有足够多的1角、2角、5角,一共有多少种换法?

思路导引:可以按照有一种、两种、三种面值的标准进行分类组合。

四、数学魔术

魔术师背对20至25枚棋子,让观众:(1)先拿走6至10枚;(2)剩余棋子数的个位、十位之和是多少,就再拿走多少;(3)最后,任取几枚握在手里。此时,魔术师只要转身,就可以马上说出观众手里的棋子有多少枚。你知道他是怎么做到的吗?

五、数学游戏

把四个4,用"+""−""×""÷"和"( )"等计算符号连接起来,用以表示0和其他数的游戏,叫作"四个4的游戏"。这种游戏不仅好玩,而且是学习数学、掌握运算要领的一种好方法。

比如:

0=4+4−4−4,或0=44−44;

1=4÷4+4−4,或1=44÷44;

2=4÷4+4÷4,或2=4−(4+4)÷4。

英国的鲁兹·鲍尔在做四个4的游戏上下过很大工夫,他做出了从1到1000的数,但是其中的113、157、878、881、893、917、943、946、947还没有做出来。

看来这个游戏并不好做,谁能把他没做出来的九个数做出来,就可以称得上是"优秀的鲍尔"了。你会是那个"优秀的鲍尔"吗?试试看吧。除了四个4的游戏,和它类同的还有四个9的游戏。

你能把四个4的游戏做到10吗?请把算式写下来。

六、数学与天文学

天文学家们真的很厉害,他们知道什么时候会有流星雨,什么时候会有日食,什么时候会有月食,什么时候彗星会撞地球……你想知道他们为什么知道这么多事情吗?

你们听说过伽利略吗?许多同学都知道他是一个伟大的物理学家,其实他在天文学上也做出了突出的贡献。他通过望远镜观察到,月球的表面凹凸不平,银河不是一条河,而是由许多星星组成的;他通过实验证实了哥白尼的"日心说",推翻了以前人们一直以为正确的"地心说"。但是,这些只是伽利略观察到的,并没有通过计算进行理论说明。牛顿则利用详细的数学计算公式阐明了这些现象的起因,将数学与天文学联系在一起,用数学理论支持了伽利略的观点。

另一位伟大的科学家就是被称为"宇宙之王"的霍金。他是一个生活在轮椅上的残疾人,但他以坚忍不拔的毅力创造了一个天文学上的奇迹。他通过复杂的数学计算得出了有名的"黑洞理论",解决了天文学上的一大难题。

由此可见,数学是推动天文学发展的强大动力。而无论是物理学还是天文学,要得到发展和进步,数学都是必不可少的。

历法与天文学的发展是紧密相连的。我国很早就发展了农业,而农业的发展离不开历法,所以我国古代的天文学非常发达。而又因为天文学的发展是以数学为基础的,因此,人们很早就开始了对数学的研究。

两千多年前的《周髀算经》是我国最早的一部数学著作,同时也是一部天文学著作。它是我国古代劳动人民在天文学和数学上智慧的结晶。

《周髀算经》

第三节　分数的来源

一、文化大观园

> 毛毛要过生日啦！他请来了他的几个好朋友,一块儿庆祝生日。毛毛妈妈为他买了一个大大的蛋糕,要分给他的好朋友们。可是,每人分几块应该怎么表示呢？这就需要我们的"分数"出场了。这里说的"分数",可不是小朋友们考试时得到的分数哦。那么,这个"分数"又是怎么回事呢？

在大约200多年前,瑞士数学家欧拉在他的著作中提出了一个问题:要想把7米长的一根绳子分成3等份,每份是多少米,该用什么方式来表示呢？在当时的情况下,并没有一个合适的符号来表示这种关系。于是,人们想到除法本身可以表示"平均分"的意思,于是借用了除法符号"÷"。再后来,阿拉伯人发明了分数线"—",把7米长的绳子分成3等分,每份可以表示成 $\frac{3}{7}$ 米,这里的" $\frac{3}{7}$ "就是一种新的数,我们把它叫作"分数"。

为什么叫它分数呢？分数这个名称直观而生动地表示了这种数的特征。例如,一只西瓜四个人平均分,不把它分成相等的四块行吗？从这个例子就可以看出,分数是应度量和数学本身的需要而产生的。

普遍认为,人们发现的世界上最早的分数是在埃及的阿默斯纸草卷中。当时,埃及人所使用的分数都是分子为1的,例如: $\frac{1}{2}$ 、 $\frac{1}{3}$ 、 $\frac{1}{9}$ 等。

事实上,最早使用分数的国家是中国。我国古代有许多关于分数的记载。在《左传》一书中记载,春秋时代,诸侯的城池,大的不能超过周国的 $\frac{1}{3}$,中等的不得超过 $\frac{1}{5}$,小的不得超过 $\frac{1}{9}$ 。秦始皇时期,拟定了一年的天数为365又 $\frac{1}{4}$ 天。《九章算术》是我国1800多年前的一本数学专著,其中第一章《方田》里就讲了分数四则运算法。

这么看来,在古代,中国使用分数比其他国家要早出一千多年。所以说中国有着悠久的历史,灿烂的文化。

二、数学家故事——欧拉

欧拉(1707—1783),瑞士大数学家。主要贡献包括创立函数的符号、创立分析力学、解决了柯尼斯堡七桥问题、给出各种欧拉公式,著作有《无穷分析引论》《微分学原理》《积分学原理》等。

半个世纪中,欧拉写下了浩如烟海的论文,后人收集起来,共有5册,仅目录就有51页。据说,为了刊印欧拉全集,出版界足足忙了三十五年之久。令人惊叹的是,这些科学巨著的四分之一,竟是欧拉双目失明之后,在与黑暗搏斗中完成的! 欧拉一生中有许多巨大的成就,不少数学家都把他和阿基米德、牛顿、高斯并列为史上贡献最大的数学家。

欧拉小时候常常帮爸爸放羊。后来,爸爸的羊群数量渐渐增多了,达到了100只,原来的羊圈有点小了,于是爸爸决定建造一个新的羊圈。他用尺子量出了一块长方形的土地(如下图)。

经过计算,羊圈的面积正好是600平方米,平均每只羊占地6平方米。可是正打算动工的时候,他发现他的材料只够围100米的篱笆。若要围成长40米,宽15米的

我们从欧拉的故事中能得到什么有益的启迪呢?

羊圈,其周长将是110米。这可怎么办呢?若要按原计划建造,就要再添10米长的材料;要是缩小面积,每头羊的面积就会小于6平方米。

这件难事被小欧拉知道后,他稍加思考,就想出了一个好办法:既不要增加材料(只要100米的篱笆),也能保证每只羊的占地面积不少于6平方米。聪明的小朋友,你能想到欧拉是怎么办的吗?不妨自己算一算试试看哦!

欧拉的爸爸看到欧拉想出的办法,心里感到非常高兴。孩子比自己聪明,真会动脑筋,将来一定大有出息。

父亲觉得,让这么聪明的孩子放羊实在是太可惜了,于是他想办法让小欧拉认识了一个大数学家伯努利。通过这位数学家的推荐,1720年,小欧拉成了巴塞尔大学的学生。这一年,小欧拉只有13岁,是这所大学最年轻的大学生。

三、数学思想方法——集合思想

探索:

三年级(1)班有51名学生。在举办的庆"六一"文艺活动中,表演歌舞节目的有14人,表演小品节目的有10人,两类节目都表演的有6人。该班有多少人参加了节目表演?有多少人没参加呢?

(提示:在本题中表演歌舞节目的同学可以看作一个集合,表演小品节目的同学可以看作一个集合,两类节目都表演的同学是这两个集合的公共部分。要解决此题可以画韦恩图来表示。)

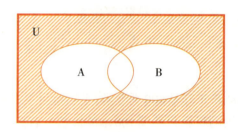

四、思维体操

因为埃及人所使用的分数都是分子为1的,你或许会问:当遇到分子不为1的分数时,埃及人会怎么做呢?

埃及人表示分数的方式相当有趣。以 $\frac{2}{3}$ 为例:如果将两个大饼平分给3个人,照现在的分法是先将两个大饼都等分成___份,然后每个人拿其中的___份,这样每个人就拿到了其中的 $\frac{2}{3}$。你知道埃及人是怎么做的吗? 不妨自己先动手试一试。

埃及人先把两个大饼分别对半分,将其中3份分别分给3个人,这样每个人拿到的大饼可以表示为___。然后再将剩下半个大饼平均分成3份,并分给3个人,这时每人又分到了大饼的____。所以,埃及人在看分数 $\frac{2}{3}$ 的时候,是以_____来表示的。

学会了埃及人 $\frac{2}{3}$ 的表示方法,你能尝试表示出 $\frac{2}{5}$、$\frac{2}{7}$、$\frac{2}{11}$ 吗? 如果你学会如何表示了,观察这些算式。它们有什么规律呢?

五、数学魔术

如果把你出生的月份数乘以10,减去2,再乘以10,最后加上日期数得到的结果告诉老师,老师就会知道你的生日哦! 想想看:这是什么原理呢?

六、数学游戏

十艘军舰排成了两列,当敌舰逼近时,有4艘战舰改变了位置,使战舰排出了5列,且每列各有4艘战舰。这是如何做到的呢?

(提示:做这道题可以用十枚硬币代替战舰来做实验。)

第四节　年、月、日的起源

一、文化大观园

> 小朋友，你知道年、月、日是什么吗？它们是怎么产生的？来，让我为你揭开谜底吧。

　　在原始农业社会时期，要长时间地耕作劳动。慢慢地，人们根据植物的生长规律发现了四季的交替。在两三千年前的夏、商、周时期，就已出现了根据晚上天空中出现的北斗七星等星象位置的变化，用干支表示年、月、日的办法。这就是历法的雏形。

　　最早出现"年"字是在周代。在这以前，各个时代对年的称呼是不同的：尧舜时称"载"，夏代称"岁"，商代称"祀"。后来，把春、夏、秋、冬一个循环的时间称为一年，于是"年"作为计时单位，一直沿用至今。现在世界上通行的公元纪年，就是西方人以他们信仰的耶稣诞生的那一年，定为公元元年。在此之前的年份称为公元前某年，之后的年份称为公元某年。但要注意：没有公元零年哦。我国是1949年新中国成立以后才开始采用公元纪年法的，按照这种纪年法，今年就是公元2016年。

　　我们现在说的"月"是月亮绕地球一周的时间。因为月亮绕着地球不停地转，地球绕着太阳不停地转，所以月亮有时候能照到地球，有时候照不到地球，有时候照得多，有时候照得少，这就使我们看到的月亮有时圆、有时缺。当我们看不到月亮的时候，叫作"朔"；看到圆圆的月亮时，叫作"望"。它的周期就是一个"月"。至于什么是

"日"就简单了,一日就是一昼一夜加起来的时间,一共24小时。在生活中,我们通常把太阳升起来的时候叫白天,太阳落下去的时候叫晚上。"一日"指的就是太阳升起到第二次再升起的时间,很容易被人们所掌握,并利用它来作为计算时间的基本单位。

小朋友们,你们还知道哪些有关年、月、日的故事呢?

二、数学家故事——亨利·庞加莱

位处法国东北,不乏美景的历史名邑南锡是座小城。1854年4月29日,就在小城南锡,诞生了一位彪炳千古的大数学家——亨利·庞加莱。

亨利的父亲莱昂·庞加莱一生从医,是南锡大学生理学教授。作为一位名医,他还是医师公会成员,公务繁忙。亨利的母亲是位贤惠的女性。她聪明乳敏,富有灵气。小亨利出生不久,她察觉婴儿手脚活动不大正常,这使她感到非常不安。亨利有了妹妹阿兰以后,母亲不再做别的事,集中精力悉心照料两个孩子。在母亲循循善诱的教育下,小亨利的智力发展很快,但是他仍然没有摆脱身体不灵活的阴影。仔细观察分析之后,父母确信,这是亨利的运动神经调节功能很差的缘故。

小亨利慢慢长大,对数学课程的学习渐渐深入,他对数学的兴趣也越来越大。几何学有好看的图形和美妙的思路,让大家喜悦。别看亨利笨拙的手画图不灵,几何课上他可风光了。无章可循的几何题,常使同学们抓耳挠腮,很少画好图形的亨利却能三言两语就给出问题的解答。这是怎么一回事?难道几何学真的"是利用不正确的图形来进行正确思维的艺术"?老师和同学们惊奇之余都佩服亨利的数学本领。他自己则越发喜欢数学了。

到了15岁左右,亨利放学回家,常常在屋里屋外来回踱步。开始时,妈妈觉得莫名其妙,后来她才知道,那是亨利在思考数学问题呢。解答想好了,他一气呵成写出来,真是一件十分惬意的事。他似乎已经迷上了数学,以至于经常忘记吃饭,使母亲非常不安。父亲也不止一次告诫:不吃早饭有损健康,对孩子成长十分不利。其实亨利并不是不想吃,他只是太喜欢想数学问题了。成年以后,工作之余,亨利表现出来的"心不在焉"更严重了。

三、数学思想——优化思想

在现代社会中,不论是生产、生活,还是从事科学研究,都要讲究效率,即如何运筹,以选择最优方案,使得人们在时间、空间、人力、物力、财力等方面以最少的投入,获得最大的收益,这种思想就是优化思想。田忌赛马是发生在2300年前的故事,孙膑帮助田忌调整赛马的出场顺序,就能够以局部的失利换取整体的胜利,这是优化思想最古老的经典范例。

探索1:

一个普通灯泡5元,平均使用寿命是1年,平均每天电费0.10元;一个节能灯泡35元,平均使用寿命是2年,平均每天电费0.03元。在2年的时间(每年按365天计算)中,使用哪种灯泡更节省费用?

使用每种灯泡的费用就是灯泡本身的价钱加上电费。

在2年的时间中,普通灯泡需要更换一次。所以使用普通灯泡的费用为:5×2+0.1×365×2=83(元)。

使用节能灯泡的费用为:35+0.03×365×2=56.9(元)。

由此可知,使用节能灯泡更节省费用。

探索2:

如图所示,把两个形状和大小相同的长方体月饼盒包装成一包,怎样包装最节省包装纸?

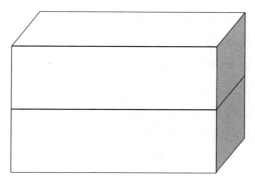

四、数学趣题

有一个可爱的宝宝,两天前是2岁,今天是3岁,今年过生日的时候就有4岁了,而明年过生日时将是5岁。这样的情况可能在现实中发生吗? 如果可能的话,宝宝的生日是几月几号呢?

五、数学游戏

假设一所初中一共有3个年级,每个年级有10个班,每个班里平均有52个学生。如果这些学生中有1400人是在2000年到2002年这三年出生,你知道他们中有多少是同年同月同日出生的吗?

六、数学实验

日历上的日期都是一个个单独的数字,它们都是由0到9这10个数字组成的。你知道它们除了可以告诉我们每天的日期之外,还有什么用途吗?

下面请小朋友们来做一个游戏,就是在日历上连续撕掉9张,使这9张上的日期相加等于54。想一想:撕的第一张日历是几号? 最后一张又是几号呢?

数学实验报告

日期： 年 月 日

班级		姓名		学号	
实验 名称					
实验 准备					
小组 成员					

实验目的：

主要内容(要点)：

实验过程记录(含基本步骤、主要过程等)：

实验结果报告与实验总结：

第五节 面积的来源

一、文化大观园

> 小朋友们，你们一定听过这样的话：我们伟大的祖国有960万平方千米的辽阔土地；某体育馆的面积是 x 平方米。那么，小朋友们，你们想过没有：什么是面积？面积是怎么来的？它是怎么计算出来的呢？

小朋友，请将你在新闻上听到的或在报纸上看到的有关面积的数据记录在下面的空白处，也可以上网找找我们身边的建筑物或者公园的面积。

面积的概念很早就形成了。在古代埃及，尼罗河每年泛滥一次，洪水给两岸带来了肥沃的淤泥，但也抹掉了田地之间的界限标志。水退了，人们要重新划出田地的界限，就必须丈量和计算田地，于是逐渐有了面积的概念。在数学上是这样来研究面积问题的：首先规定边长为1的正方形的面积

为1，并将其作为不证自明的公理。然后用这样的所谓单位正方形来度量其他平面几何图形。

较为简单的正方形和长方形的面积是很容易得到的，利用割补法可以把平行四边形的面积问题转化为长方形的面积问题，进而又可以得到三角形的面积。于是多边形的面积就可以转化为若干三角形的面积。

假设下图中的每一个小方格的面积为1平方厘米，你能数出每种颜色所占的面

积吗？

黄色：____　　绿色：____

红色：____　　蓝色：____

你能通过数出的长方形和正方形的面积猜想长方形和正方形的面积应该怎么计算吗？试着验证你的猜想。

二、数学家故事——苏步青

1902年9月23日，那是一个普通的日子，可对祖辈从福建同安逃荒到浙江平阳带溪村的苏祖善家来说，那是难得的大喜、大吉的日子。真是老天有眼，天官赐福，苏祖善家添了一丁，夫妻俩笑得合不拢嘴，终于有了世代务农的"接班人"。可苏祖善夫妻俩从未上过学，尝够了没有文化的苦，望子成龙心切，于是给儿子选取"步青"为名，算命先生还说了一番好话：以"步青"为名，将来定可"平步青云，光宗耀祖"。

名字毕竟不是"功名利禄"的天梯。正当同龄人纷纷背起书包去上学的时候，苏祖善交给儿子的却是一条牛鞭。从此，苏步青头戴一顶父亲编的大竹笠，身穿一套母亲手缝的粗布衣，赤脚骑上牛背，鞭子一挥，来到卧牛山下，带溪溪边。苏步青家养的是头大水牛，膘壮力大，从不把又矮又小的牧牛娃放在眼里。有一次，水牛脾气一上来，又奔又跑，把苏步青摔在刚刚被砍过的竹园里。真是老天庇佑，他跌在几根竹根中间，没有受伤，逃过一劫。

放牛回家，苏步青走过村私塾门口，常被琅琅的书声所吸引。有一次，老师正大声念："苏老泉，二十七，始发愤，读书籍。"他听后，就跟着念了几遍。此后，他竟记住了这句顺口溜，放牛时当山歌唱。

苏祖善常听儿子背《三字经》《百家姓》，心存疑惑。有一次，正好看见儿子在私塾门口"偷听"，他终于心动了，夫妻一合计，决定勒紧裤带，把苏步青送进私塾。

9岁那年，苏步青的父亲挑上一担米当学费，走了50公里山路，送苏步青到平阳县城，当了一名插班生。从山里到县城，苏步青大开眼界，什么东西都觉得新奇。他第一次看到馒头里有肉末，常用饭票换成钱买"肉馒头"吃。一个月的饭票提早用完了，只好饿肚子。他见到烧开水的老虎灶，也觉得好玩，把家里带来的鸡蛋掷进锅里，一锅开水变成一锅蛋花汤，烧水工看到气极了，揪住他打了一顿。

苏步青整天玩呀、闹呀，考试时常坐"红交椅"，到期末考试，他在班里得了倒数第一名。可是，他的作文写得还不错，私塾里的"偷听"，激发了他学习语文的兴趣，为作文打了一点基础。然而，语文老师越看越不相信，总认为苏步青的作文是抄来的，因此还是批给他一个很低的分数。这样，更激发了他的牛脾气，老师越说他不好，他越不好好学，一连三个学期，都是倒数第一名。同学和老师都说他是"笨蛋"。

有一次，地理老师陈玉峰把苏步青叫到办公室，给他讲了一个小故事。牛顿12岁的时候，从农村小学转到城里念书，成绩不好，同学们都瞧不起他。有一次，一个同学蛮横无理地欺负他，一脚踢在他的肚子上，他疼得直打滚。那个同学身体比他棒，功课比他好，牛顿平时很怕他。但这时他忍无可忍，跳起来还击，把那个同学逼到墙角，揪在墙上。那同学见牛顿发起怒来如此勇猛，只好屈服。牛顿从这件事想到做学问的道理也不过如此：只要下定决心，就能把它制服。他发愤图强，努力学习，不久成绩跃居全班第一，后来成了一个伟大的科学家。

苏步青见陈老师不批评他，还给他讲故事，心里很感激。陈老师见他垂着头，便摸摸他的头说："我看你这个孩子挺聪明嘛，只要肯努力，一定可以考第一名。"又说："你爸爸妈妈累死累活，省吃俭用，希望你把书念好。像你现在这样子，将来拿什么来报答他们？"苏步青再也抑制不住心灵的震撼，泪水像断线的珍珠淌在自己的胸前。他第一次意识到自己做错了事。此后，他完全变成了一个懂事的孩子，不再贪玩，刻苦读书，期末考试竟得了全班第一名。

起初，苏步青对数学并不感兴趣。他觉得数学太简单，一学就懂。然而，后来的一堂数学课影响了他的一生。苏步青上初三时，他就读的浙江省第六十中学来了一位刚从东京留学归来的教数学课的杨老师。第一堂课杨老师没有讲数学，而是讲故事。他说："当今世界，弱肉强食，世界列强依仗船坚炮利，都想蚕食瓜分中国。中华亡国灭种的危险迫

> 我们从苏步青的故事中能得到什么启迪呢？

在眉睫,振兴科学,发展实业,救亡图存,在此一举。'天下兴亡,匹夫有责',在座的每一位同学都有责任。"他旁征博引,讲述了数学在现代科学技术发展中的巨大作用。这堂课的最后一句话是:"为了救亡图存,必须振兴科学。数学是科学的开路先锋,为了发展科学,必须学好数学。"苏步青一生不知听过多少堂课,但这一堂课使他终生难忘。

三、数学思想方法——转化思想

人们在面对数学问题时,如果直接应用已有知识不能或不易解决该问题,往往会将需要解决的问题不断转化形式,把它归结为能够解决或者比较容易解决的问题,最终使原问题得到解决。这种思想称为转化(化归)思想。

探索1:

已知一个等腰三角形的底边长和高如图所示。你能计算出这个三角形的面积吗?

(提示:可以拿一张纸,剪出如图大小的三角形,再通过剪一剪、拼一拼的方法,你会发现等腰三角形的面积可以转化成我们学过的图形的面积来求解。)

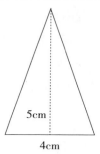

探索2:

把164拆分成两个自然数的和,怎样拆分才能使拆分后的两个数的乘积最大?165呢?

(提示:此题中的数较大,如果用枚举法一个一个猜测验证,比较烦琐。可以从较小的数开始猜测,发现规律,找到解决方法。)

四、数学趣题

下面的两道算式中,相同的汉字代表相同的数字。你能算出这几个汉字分别代表几吗?

```
                                              年
        巧  啊  巧                          新  年
   +    真  是  巧                     迎   新  年
   ─────────────               +  喜  迎  新  年
        真  是  巧  啊             ──────────────────
                                      3   5   8   6
```

真=＿＿＿＿;   是=＿＿＿＿;   喜=＿＿＿＿;   迎=＿＿＿＿;

巧=＿＿＿＿;   啊=＿＿＿＿;   新=＿＿＿＿;   年=＿＿＿＿;

五、数学实验

将一张面积为32平方厘米的纸对折4次后,对折后的面积是多少? 你能发现什么规律吗?

(提示:一段绳子对折后,长度发生了什么变化?)

数学实验报告

日期：　年　月　日

班级		姓名		学号	
实验 名称					
实验 准备					
小组 成员					
实验目的：					
主要内容（要点）：					
实验过程记录（含基本步骤、主要过程等）：					
实验结果报告与实验总结：					

六、数学之美

自然数的"循环表演"：

（1）12×483=5796；

（2）18×297=5346；

（3）39×186=7254；

（4）48×159=7632；

（5）1738×4=6952。

大家仔细观察，会发现一个秘密：在这些算式中，算式左边的两个因数和右边的积正好是1、2、3、4、5、6、7、8、9九个数字。你还能发现几组这样的算式吗？

第四章 数学面面观

第一节 超级大数的认识

一、文化大观园

> 你知道我国现在的总人口数是多少吗？我们的首都北京市的现有人口数是多少呢？西藏、新疆、黑龙江的人口数分别是多少呢？作为我国人口大省的四川、河南的人口数又是多少呢？

在生活中,你还知道哪些大数或超大数?

我知道光速约是299800000米/秒;我知道太阳的半径约是695000千米。

你知道八大行星到太阳的平均距离分别是多少吗?

如今是信息时代,报纸上每天都有大数据出现,我们都知道,万以上进四位是亿，亿以上进四位是兆。可是从兆位向上进四位是什么呢？

　　我国的计数方法，每进一位就导入一个新名称，如"个""十""百""千""万"，自"万"以上，以"十万""百万""千万"的顺序递进，到了"万万"，开始使用新名称"亿"。自"亿"以上，按"十亿""百亿""千亿"递进，到了"万亿"，开始使用新名称"兆"。同样自"兆"以上，依次为"十兆""百兆""千兆"，然后开始使用新名称"京"。

　　像这样每进四位就导入一个新名称，依次是：万、亿、兆、京、垓、秭、穰、沟、涧、正、载、极、恒河沙、阿僧祇、那由他、不可思议、无量大数。

　　这些数位名称是从中国古代的书籍中搬过来的，其中所谓的"恒河沙"，意思是"如恒河沙子颗数一般多的数"。它后面出现的名称，都取自佛经的语言。

　　你们能想象得到1亿有多大吗？告诉你们吧，1亿个小学生手拉手可以绕赤道3圈半。如果你在纸上每秒画1个点，一刻不停地画，画3年2个多月，就可以画1亿个点了。是呀，1亿是如此之大，那1兆岂不是更大吗！1兆大约是166亿7000万分钟，约等于2亿7800万小时，约等于1157万天，还约等于3万1700年。我们若要数到1兆，就要花3万多年啊！

　　对于在生活中碰到的大数，我们一般采用四位一节的方法将它分开，这样有利于我们读写数和比较数的大小，但在生活中，有时我们也会看到三位一分节的大数，如光速约为：299 800 000米每秒。这是受英语国家习惯的影响，如美国、英国，他们会使用这种分级方法。

二、数学家故事——秦九韶

　　秦九韶（1202—1261），南宋普州（安岳）人，字道古。

　　其父季据，进士出身，曾任工部侍郎、秘书省秘书少监。秦九韶自己曾任和州（今安徽和县）、琼州（今海南琼县）、薪州（今湖北蕲春）、建康（今江苏南京）通判。1261年左右被贬至梅州（今广东梅县），不久死于任所。他与李冶、杨辉、朱世杰并称宋元数学四大家。

　　秦九韶从小就是个勤学好问的孩子：日食和月食是怎样发生的？为什么可以提前知道？月亮为什么有圆有缺？天上的星星为什么有的动，有的不动？还有，一年中那么多节气是怎样确定的？这些问题像一个个谜语一样，引起了他的兴趣。他开始在父亲的指导下阅读天文书籍，还常到观象台通过仪器观察天象。短短的一年时间，他学到了不少天文知识。

秦九韶还是个爱读书的孩子。陈元靓是一位博学多才的学者，他的家里收藏着许多古算书，比如《九章算术》《周髀算经》《孙子算经》《张邱建算经》《五曹算经》《缉古算经》。秦九韶一进他家，就被这些算书迷住了。读过以后，他发现许多复杂的问题，只要运用恰当的数学方法，就能迎刃而解。数学的威力真是太大了！

秦九韶的成才之路有三。其一，因为他父亲长期从政，他自己也出任地方行政官吏，在行政管理工作中，广泛接触工程技术、农田水利、海运交通、钱粮经济、商品交易、军事后勤等工作，为他著作《数书九章》采集素材提供了有利条件。其二，据《数书九章》自序说："早岁侍亲中都，因得访习于太史。"这当是在他父亲任秘书少监职时的事，秦九韶向制定历法的官员学习造历知识。其三，《数书九章》自序还说："尝从隐君子受数学。"隐君子是谁，没有详细的记载，很可能是一位学识渊博的学者。所以秦九韶在数学上的创造发明，其来源有：家学渊源；本人工作实践，刻苦钻研；良师益友间互相切磋质疑问难。

1247年，秦九韶著成《数书九章》，全书18卷，81题，分为九大类：大衍类、天时类、田域类、测望类、赋役类、钱谷类、营建类、军旅类、市易类。这是一部划时代的巨著，它总结了前人在开方中所使用的列筹方法，将其整齐而有系统地应用到高次方程的有理或无理根的求解上去，其中对"大衍求一术"和"正负开方术"等有十分深入的研究。"大衍求一术"和"正负开方术"比欧美国家早600年，代表了中世纪数学发展的主流，并将中国古代数学推向了顶峰。

秦九韶这一著作的主要成就包括：

1. 完整保存了中国数码字计数法，自然数、分数、小数、负数都有专门论述；
2. 首创连环求等，求几个数的最小公倍数；
3. 更进一步认识比例，比例项数达到5项之多，层层变换，有条不紊；
4. 一次同余式组的程序化解法，创"大衍求一术"；
5. 三斜求积公式，使"海伦公式"不专美于前；
6. 线性方程组的直除法（即加减消元法），将系数矩阵化为单位矩阵；
7. 用正负开方术解多项式。

13世纪时秦九韶在一次同余论方面的创造发明是有划时代意义的。印度数学先驱阿耶波多在其《文集》第2章第32、33节对同余式③的解法有过议论,但仅有四句押韵诗传世,自称为库塔卡术,含义隐晦,经后人一再补充注释,人们才理解其用意。而秦九韶所作有系统论述,如上述第①、③项成果就胜于印度。和算(日本古典数学)向来以中算为师,秦九韶的各项成果在日本,直至关孝和所著《括要算法》(1683年)中才有所论述。西欧在一次同余理论上有与秦九韶同等水平,是由欧拉、拉格朗日与高斯三代大师前后历经18至19世纪的60多年探索才达到的,特别是高斯24岁时(1801年)发表名著《算术研究》,其中第1、2两章才全面论述一次同余理论。

三、数学思想方法——实践思想

老师要渗透实践第一的观点,培养学生的数感。实践第一的观点是辩证唯物主义的基本观点之一。众所周知,数学的产生和发展依赖于人的实践活动,儿童的思维也离不开实践,实践是智力的源泉、思维的起点。著名的数学家、中国科学院院士严士健先生曾说:"知道数学的'来龙去脉',就是要让每个孩子知道数学从哪里来?到哪里去? 能够从生活中学习数学,再将数学应用到生活,用数学解决生活中的实际问题。"数与形是数学中两个最基本的概念,这两个概念是从现实世界的有关量的关系中直接或间接地逐步抽象出来的,其产生过程离不开实践第一的观点。 恩格斯指出:"数学是从人的需要中产生的。"作为数学最基本概念之一的数也不例外,它是人类根据生活的直接需要,在长期的实践中逐步形成的。

最初人类没有数的概念。后来,在人类长期的生产实践过程中产生了自然数:0、1、2、3、4、5、6、7、8、9、10……有了它们,人们就可以数出任何一个事物集合中元素的多少。这样,人类对数的认识便从感性认识上升到理性认识,发生了质的飞跃,从而抽象出了自然数的概念。正如恩格斯指出的那样:"数和形的概念不是从其他任何地方,而是从现实世界中得来的。人们曾用来学习计数,从而用来做第一次算术运算的十个指头,可以是任何别的东西,但是总不是悟性的自由创造物。为了计数,不仅要有可以计数的对象,而且还要有一种在考察对象时撇开对象的其他一切特性而仅仅顾到数目的能力,而这种能力是长期的以经验为依据的历史发展的结果。"

四、数学趣题

1. 根据 22×55＝1210 和 222×555＝123210,你能看出规律,不用计算就写出下列算式的答案吗?

2222×5555＝(   );

22222×55555＝(   );

222222×555555＝(   );

2222222×5555555＝(   )。

找到规律不就能写出来了吗!

2. 计算:9999……9 × 9999……9 的乘积的

　　　　　　1993个9　　1993个9

各个数位的数字之和是几?

3. 数学课上,李老师在黑板上随意写出了一个很大的数字:526315789473684210。她让同学们在短时间内告诉她这个数能否被11整除。小费思考了一会,很快就将答案告诉了老师。你知道小费是怎么做的吗?

怎么知道它能不能被11整除呢?

第二节 小数的变迁

一、文化大观园

> 中秋节妈妈买了5块月饼,分给爸爸、妈妈、我和妹妹四个人。每人分到多少月饼? 好像用我们学过的整数没法表示呀,怎么办呢?

数都是由实际应用需要产生的。当整数不足以表示要表示的量的精确度时就诞生了小数,即人们把1分成10份,就有了0.1的度量衡。以此类推。

小数,即不带分母的十进分数。小数的产生有两个前提:一是十进制记数法的使用;二是分数概念的完善。小数的出现标志着十进制记数法从整数扩展到了分数,使分数与整数在形式上获得了统一。

我国对小数的认识在世界上也是最早的。公元3世纪,我国数学家刘徽在注释《九章算术》,处理平方根问题时就提出了十进小数。

最初,人们只是用文字来表示小数,直到13世纪,才有人用低一格来表示。如8.23记作8_{23},左边的"8"表示整数部分,右下方的"23"表示小数部分。

古代,还有人用将小数部分的各个数字用圆圈圈起来的方式来记小数,例如:1.5记作1⑤。这么一圈,就把整数部分和小数部分分开来了。这种记法后来传到了中亚和欧洲。

公元1427年,中亚数学家阿尔·卡西又创造了新的小数记法,他是用将整数部分与小数部分分开的方法来记小数的,如3.14记作3 14。

到了 16 世纪,欧洲人才注意到小数的作用。在欧洲,当时有人这样记小数:如 3.1415 记作 3⊙1①4④1①5⑤。⊙可以看作整数与小数部分的分界标志,圈里的数字表示的是数位的顺序,这种记法很有趣,但是很麻烦。

直到公元 1592 年,瑞士的数学家布尔基对小数的表示方法做了较大的改进,他用一个小圆圈将整数部分与小数部分分割开,例如:5.24 记作 5〇24。数中的小圆圈实际起到了小数点的作用。

又过了一段时间,小数的表示方法就成了我们现在看到的样子。

但是,小数的表示,在不同的国家也有不同的方法。现在,小数点的写法有两种:一种是用",";一种是用小黑点"."。

在德国、法国等国家常用",",写出的小数如 3,42、7,51 等,而英国和北欧的一些国家则和我国一样,用"."来表示小数点,如 1.3、4.5 等。

二、数学家故事——朱世杰

公元 3 世纪,也就是 1600 多年前,我国伟大的数学家刘徽就提出把整数个位以下无法标出名称的部分称为微数。到了公元 13 世纪,我国元代数学家朱世杰提出了小数的名称。

朱世杰(1249—1314),字汉卿,号松庭,汉族,燕山(今北京)人氏,元代数学家、教育家,毕生从事数学教育,有"中世纪世界最伟大的数学家"之誉。朱世杰在当时天元术的基础上发展出"四元术",也就是列出四元高次多项式方程,以及消元求解的方法。此外他还创造出"垛积法"(即高阶等差数列的求和方法)与"招差术"(即高次内插法),主要著作是《算学启蒙》与《四元玉鉴》。

元统一中国后,朱世杰曾以数学家的身份周游各地 20 余年,向他求学的人很多,他到广陵(今扬州)时"踵门而学者云集"。他全面继承了前人的数学成果,既吸收了北方的天元术,又吸收了南方的正负开方术、各种日用算法及通俗歌诀,在此基础上进行了创造性的研究,写成以总结和普及当时各种数学知识为宗旨的《算学启蒙》(3 卷),又写成四元术的代表作《四元玉鉴》(3 卷),先后于 1299 年和 1303 年刊印。《算学启蒙》由浅入深,从一位数乘法开始,一直讲到当时的最新数学成果天元术,俨然形成一个完整体系。

关于朱世杰,还有这样一则逸闻趣事:13 世纪末,历经战乱的祖国为元王朝所统一,遭到破坏的经济和文化又很快繁荣起来。蒙古统治者为了兴邦安国,便尊重知识,选拔人才,把各门科学推向新的高峰。有一天,风景秀丽的扬州瘦西湖畔,来了一位教书先生,他在寓所门前挂起一块招牌,上面用大字写着:"燕山朱松庭先生,专门教授四元术。"不几天,朱世杰门前门庭若市,求知者络绎不绝。就在朱世杰接待学生报名之时,突然一声声叫骂引起了他的注意。

只见一个穿绸戴银的半老徐娘,追着一位年轻的姑娘,边打边骂:"你这贱女人,大把的银子你不抓,难道想做大家闺秀,只怕你投错了胎,下辈子也别想了。"那姑娘被打得皮开肉绽,连内身衣服都被撕坏了。姑娘蜷成一团,任凭她打,也不跟她回去。朱世杰路见不平,便上前询问。那半老徐娘见冒出一个爱管闲事之人,就嘲笑道:"你想打抱不平? 你送上 50 两银子,这姑娘就归你了!"朱世杰见此情景,大怒道:"难道我掏不出 50 两银子? 光天化日之下,竟胡作非为,难道没有王法不成?"那半老徐娘讽刺道:"你这穷鬼,还谈什么王法,银子就是王法,你若能掏出 50 两银子,我便不打了。"

朱世杰愤怒已极,从口袋里抓出 50 两银子,摔在半老徐娘面前,拉起姑娘就回到自己的教书之地。原来,那半老徐娘是妓院的鸨母,而这姑娘的父亲借了鸨母的 10 两银子,由于天灾,还不起银子,只好卖女儿抵债。这天碰巧遇上朱世杰,才把姑娘救出苦海。后来,在朱世杰的精心教导下,这姑娘也颇懂些数学知识,成了朱世杰的得力助手。不几年,两人便结成夫妻。所以,扬州民间至今还流传着这样一句话:元朝朱汉卿,教书又育人;救人出苦海,婚姻大事成。

三、数学思想方法——迁移和替换

在数学教学中,既应注重学生知识的获取和能力的培养,更应注重数学思想方法在其学习中的渗透。在学习小数与单位换算时,比较80厘米、0.8 米、0.80米,就渗透了估算迁移的思想方法;而学习0.8米等于80厘米时,则渗透了等量替换思想。

四、数学趣题

1.一个三位小数四舍五入后是5.70。那么,这个三位小数最大是几? 最小是几?

2.两个数的和是11.63。小强由于粗心,在计算时将一个加数的小数点向左移动了一位,结果和成了5.87。原来的两个加数各是多少?

3.姐妹俩买一本书,姐姐的钱买这本书差2.4元,妹妹的钱买这本书差3.06元,姐妹俩将钱合起来,买这本书多0.58元。这本书的价格是多少元?

4.小红在做一道加法题时,把一个加数十分位上的8看成了3,个位上的9看成了6,结果得到的和是11.5。正确的结果应该是多少?

5.一根绳子长14.2米,被剪成三段。第一、二段共长8.9米,第二、三段共长9.4米。三段绳子分别长多少米?

6.一个数与自己相加、相减、相除,其和、差、商相加的和是8.6。这个数是多少?

7.小马虎在计算2.53加一个一位小数时,由于错误地把数的末位对齐,结果得到4.18。你能帮他算出正确的得数应当是多少吗?

8.皮皮在计算 $A-31.7+8.46$ 时,错算成了 $A-31.7+84.6$。这样的结果比正确结果多了多少?

这么多有趣的题,快来试试你的身手吧!

9.小力在用竖式计算5.1加上一个两位小数时,把加号看成了减号,得到2.76。你能帮他算出正确的得数吗?

10.妈妈买了一桶色拉油,连桶共重5.02千克,用去一半后还重2.8千克。这桶油原来有油多少千克?桶重多少千克?

第三节　统计与发展

一、文化大观园

一名员工找老板请假。

员工："老板,我想请一天假。"

老板："你想请一天假?"

员工："嗯。"

老板："你还要向公司要求什么? 一年里有365天,52个星期。你每星期休息2天,共104天,还剩下261天工作。是吧?"

员工："是的。"

老板："你每天有16小时不在工作,去掉174天,还剩下87天。是吧?"

员工："是的。"

老板："每天你至少花30分钟时间上网,加起来每年23天,剩下64天。是吧?"

员工："是的。"

老板："剩下64天,每天午饭时间你花掉1小时,又用掉46天,还有18天。是吧?"

员工"……是的"。

老板："通常你每年请2天病假,这样你的工作时间只有16天。而每年有5个节假日公司休息不上班,你只干11天。再加上每年公司还慷慨地给你10天假期,算下来你就工作1天。而你还要请这一天假?"

员工无言以对。

统计学是一门研究随机现象，以推断为特征的方法论科学，"由部分推及全体"的思想贯穿于统计学的始终。具体地说，它是研究如何搜集、整理、分析反映事物总体信息的数字资料，并以此为依据，对总体特征进行推断的原理和方法。用统计来认识事物的步骤是：研究设计—抽样调查—统计推断—得出结论。这里，研究设计就是制定调查研究和实验研究的计划，抽样调查是搜集资料的过程，统计推断是分析资料的过程。显然统计的主要功能是推断，而推断的方法是一种不完全归纳法，因为是用部分资料来推断总体。统计学是关于收集、整理、分析和解释统计数据的科学，是一门认识方法论性质的科学，其目的是探索数据内在的数量规律性，以达到对客观事物的科学认识。

二、数学家故事——许宝騄

说到统计，不得不提中国的一位数学家——许宝騄。许宝騄（1910—1970），字闲若。1910年出生于北京，原籍浙江省杭州市，祖父曾任苏州知府，父亲曾任两浙盐运使，是名门世家。家里兄弟姊妹共七人，他是最小的孩子。许宝騄的哥哥许宝驹、许宝骙均为专家，姐夫俞平伯也是著名的文学家、数学家。许宝騄在中国开创了概率论、数理统计的教学与研究工作，在内曼-皮尔逊理论、参数估计理论、多元分析、极限理论等方面也取得卓越成就，是多元统计分析学科的开拓者之一。

许宝騄幼年随父赴任，曾在天津、杭州等地留居，大部分时间都由父亲聘请家庭教师传授知识，攻读《四书》《五经》、历史及古典文学。他十岁后就学作文言文，因此他的文学修养很深，用语、写作都很精练、准确。

1925年许宝騄才进入中学，在北京汇文中学从高一读起，1928年毕业后考入燕京大学理学院化学系。由于中学期间受表姐夫徐传元（毕业于美国麻省理工学院）的影响，许宝騄对数学有着浓厚的兴趣，进入大学后了解到清华大学数学系最好，决心转学念数学。

1929年，许宝騄进入清华大学数学系，仍从一年级读起。当时他的老师有熊庆来、孙光远、杨武之等，一起学习的有华罗庚、柯召等人。

1933年,许宝騄从清华大学毕业,获理学学士学位,经考试取得赴英国留学的机会。可是,体检时却发现他体重太轻不合格,未能成行。于是许宝騄下决心休养一年。

1934年,许宝騄就任北京大学数学系,担任正在访问北京大学的美国哈佛大学教授奥斯古德的助教,前后共两年。奥斯古德在他后来出版的书中提到了许宝騄的帮助。奥斯古德是数学分析方面的专家,在这两年内许宝騄做了大量分析方面的习题,也开始了一些研究,1935年他发表了两篇论文,其中一篇是与江泽涵合作的,都是分析方面的论文。那时芬布尔和阿蒂肯合写的《标准矩阵论》已出版,许宝騄熟练地掌握了矩阵这一工具,尤其精通分块演算的技巧。这两年内,他在分析和代数两方面都打下了扎实的基础。

1936年,许宝騄考取了伦敦大学,再次赴英留学,在统计系(此时,伊根·皮尔逊是系主任)学习数理统计。他在伊根·皮尔逊的指导下做研究,攻读博士学位。到了1938年,许宝騄共发表了三篇论文。当时伦敦大学规定数理统计方向要取得哲学博士的学位,必需寻找一个新的统计量,编制一张统计量的临界值表,而许宝騄因成绩优异,研究工作突出,第一个被破格用统计实习的口试来代替。

1938年他获得了哲学博士学位。同年,系主任奈曼受聘去美国加州大学伯克利分校,他推荐将许宝騄提升为讲师,接替他在伦敦大学讲课。1939年,许宝騄又发表了两篇论文,1940年又发表了三篇。其中两篇文章是数理统计学科的重要文献,为多元统计分析和奈曼-皮尔逊理论做了奠基性的工作,因此他获得了科学博士的学位。他的老师奈曼曾说过许宝騄是他最杰出的学生。

抗日战争爆发后,许宝騄决定回国,为祖国效劳。于是在1940年,他回到了遭到战争创伤的祖国,赴昆明任教于西南联合大学数学系,与华罗庚、陈省身被并称为"西南联大数学系三杰"。钟开莱、王寿仁、徐利治等均是他的学生。

中国概率统计学者许宝騄的相片被悬挂在斯坦福大学统计系的走廊上,与世界著名的统计学家并列。

1984年,我国数学家钟开莱、郑清水、徐利治发起"许宝騄统计数学奖",奖励35岁以下研究概率论与理论统计的青年工作者。这是为了纪念中国概率论与数理统计的先驱者许宝騄先生而设立的。

许宝騄是20世纪最富创造性的统计学家之一,其研究成果推动了概率论与数理统计的发展。至今"许方法"(多元分析统计学家谢菲称之为"数学严密性的范本")仍被认为是解决检验问题最实用的方法,也正是许宝騄拉开了中国概率论与数理统计学科研究的帷幕。许宝騄严谨的治学精神和一丝不苟的工作态度,深刻地影响了中国数学界。

三、数学思想——统计思想

现实生活中有大量的数据需要分析和研究,如人口数量、物价指数、商品合格率、种子发芽率等。有时人们需要对所有的数据进行全面调查,如我国为了掌握人口的真实情况,曾经进行过全国人口普查。但是,一般情况下不可能也不需要考察所有对象,如物价指数、商品合格率等,这时就需要采取抽样调查的方法收集和分析数据,用样本来估计总体,从而进行合理的推断和决策,这就是统计的思想方法。

当今社会,人们在每天的日常工作和生活中都会面对纷繁复杂的信息和数据,如何收集、整理、分析数据,学会运用数据说话,做出科学的推断和决策,是每一个公民必须具备的数学素养和思维方式。在小学数学中,统计知识主要有象形统计图、单式统计表、复式统计表、单式条形统计图、复式条形统计图、单式折线统计图、复式折线统计图、扇形统计图、平均数、中位数、众数。这些知识作为学习统计的基础是必须掌握的,但更重要的是能够根据数据的特点和解决问题的需要选择合适的统计图表或者统计量来描述和分析数据,做出合理的预测和决策。

四、数学游戏

1. 游戏1——"夹弹子"

以四人小组为单位,分四次进行,每次20秒。每组10颗弹子、一双筷子,要求同学们在规定的时间内将弹子从一个杯子夹到另一个杯子,夹过去的弹子越多越好。教师计时,小组长做好记录(将游戏结果记录在下表中)。

夹弹子游戏	
姓名	个数

游戏后,请学生们根据记录,回答老师提出的数学问题。(如:谁比谁多几个? 谁比谁少几个? 谁和谁同样多? 小组内一共夹了多少个? 谁第一? 谁再夹几个就和谁一样多?)

2．游戏2——"摸球"

学习"可能性的大小"可以通过"摸球"的形式,使学生初步感知"一定""不可能""可能"及"可能性是有大小的"。

3．游戏3——"比比小脑筋"

学习"统计"一课时,通过学生熟悉的几何图形,让学生统计不同图形边的条数。接着按四人小组,统计信封里的学具,并用自己喜欢的方法记下各种图形的个数。学生相互合作,共同完成统计任务。

4．游戏4——"猜一猜"

让学生拿出一张纸,在上边随机写一个数,然后请同桌的小朋友来猜一猜,并随时提醒(如:太大了、太小了、小了一点点等)。

5．游戏5——"贴标签"

假设我们正在一间小商店,请同学们猜测商品大约多少钱,并给商品贴标签,然后统计全部商品的价钱。比一比谁统计得最准。

6．游戏6——"顺风耳"

比一比,看谁的耳朵最灵,是顺风耳。老师拍手或敲小鼓,请同学对拍手声或敲鼓声进行统计。看谁听得又对又准。

7．游戏7——"抽奖"

事先制作好抽奖箱,在里边放好各种学具。请同学们进行"抽奖",然后对"抽奖"结果进行统计。

8．游戏8——"掷飞镖"

通过"掷飞镖"的游戏,让同学们学习"可能性"的知识。

9．游戏9——"小小回收站"

请同学们回收旧电池,然后统计每天、每月、每年的大约回收量。学习统计知识的同时宣传环保思想,培养同学们爱护环境的意识和观念。

10．游戏10——"赛一赛"

在学习统计、概率的知识时,可以采用"赛一赛"的方法,激发同学们坚忍不拔、昂扬奋进的精神。

五、数学趣题

1. 献爱心捐款

某校学生在"希望工程"献爱心的活动中,省下零用钱,为贫困山区失学的少年儿童们捐款。各班捐款的数额如下(单位:元):

390	392	410	412	404
385	416	398	414	396

那么,该校平均每班捐款多少元?

评析:这是我们在日常生活中最常用的一种计算平均数的方法。

2. 工资统计

个体户王某经营一家餐馆,下面是餐馆所有工作人员在某个月份的工资。

王某:5000元;厨师甲:2800元;厨师乙:2500元;杂工:1200元;招待甲:1800元;招待乙:1900元;会计:2200元。

那么,该餐馆工作人员的平均工资是多少元?

评析:平均数计算有时为了正确反映公平、公正的原则(如广播操、歌咏会比赛等的打分中),一般会去掉一个最大的数据,再去掉一个最小的数据,然后再计算剩余数据的平均数。这样更能客观地反映实际的平均水平。

第四节　几何图形的变迁与发展

一、文化大观园

　　同学们,我们已经对几何图形有了初步的认识。你们知道吗? 古埃及在奇阿普斯王朝(约公元前2900年)时代建造起来的金字塔塔基是一个"标准"的正方形,各边的误差不超过万分之六。古巴比伦(约公元前2200年)的一块泥板载有一幅表示15块土地的平面图,其中7块为直角三角形,4块为长方形,另外4块则为直角梯形。在我国甘肃省景泰县张家台出土的彩陶罐(新石器时代,约公元前2000年)上发现了大量的几何图形,如平行线、三角形、正方形、圆弧和圆;在我国西安半坡遗址中,发现了圆、正方形的房屋地基;在我国龙山文化(新石器时代)遗址的考古过程中,发现一些陶片上绘有方格、米字、椒眼、回字和席文等几何图案。

　　下面,我们一起来继续研究。

　　考古资料表明,十万年前的陶制器皿上已经出现了几何图形的花纹,某些器皿、工具也都呈现了几何形状。在中国,殷代的甲骨文(至少是公元前1200年)中,已有了"规""矩"二字;《周髀算经》(公元前100年前后)一书中,已明确了矩(相当于直角三角形)在测量中的作用。一般认为,几何学起源于测地、航海、天文学以及日常生活中的测量(长度、面积、容积)等等。

　　几何的第一个来源是测地。几何学一词就是由"geometrein"一词演变而来的,其中"geo"是指土地,"metrein"是指测量。测量土地的人叫作操绳师,因为绳子是用来帮忙测量的工具,操绳师们往往具有精湛的测量技术与丰富的几何知识。

　　几何的第二个来源是航海与天文学。中外的天文观测可以追溯到公元前2000年以前,这种对星空的观察逐渐抽象出点、线、三角形、多边形、圆、方向、角度、距离等几何概念,以及三角形的测量。据公元前6世纪巴比伦的一个文件说,他们已经能够事先计算出太阳和月亮的相对位置,有可能预测日食、月食了。

几何学的第三个来源是日常生活中的测量。在现存的古埃及数学著作中,记载了一系列的简单平面几何图形的面积计算公式。此外,还记载有计算容积、计算土方的公式等。所以,几何是由天文、测地、求积等需要而产生的,几何知识是来源于生产实践又应用于生产实践的。

二、数学家故事——罗巴切夫斯基

1792年12月1日,尼古拉·伊凡诺维奇·罗巴切夫斯基诞生于俄国西北部的马卡里耶夫城。家里有兄弟3人,尼古拉排行第二。父亲是当地从事测量的小职员。罗巴切夫斯基7岁的时候,父亲不幸病故。抚养3个孩子的重担就落在母亲帕拉斯可娃·伊凡诺夫娜的肩上。父亲在世的时候,微薄的薪水要养活5口之家已经相当勉强,现在就几乎陷于绝境。不过,帕拉斯可娃是个精明能干、意志坚强的俄罗斯妇女。纵然前面有难以想象的困难,她决心接受命运的挑战。白天,她在外面当帮工,干杂活,晚上再为人家缝洗衣服,含辛茹苦,攒下每一个挣来的戈比。一家人,今天吃的是黑面包加盐,明天吃的是盐加黑面包。艰辛生活本身就是个好老师。孩子们虽然营养不良,身体羸弱,但是个个聪明伶俐,十分懂事。

1801年夏天,罗巴切夫斯基以优异的成绩从小学毕业。在老师的资助下,罗巴切夫斯基到省城喀山去学习。后来,罗巴切夫斯基三兄弟果然不负母亲和老师的殷切期望,先后以优异成绩作为公费生考入大学预科学校(相当于现在的中学)。这时罗巴切夫斯基才8岁。罗巴切夫斯基门门功课成绩优秀,数学和古典文学的成绩尤为突出。1806年,14岁的罗巴切夫斯基考入两年前刚成立的喀山大学。为了向欧洲的名牌大学看齐,学校特别聘请天文学家李特罗和数学家巴蒂尔等著名德国科学家来校执教。罗巴切夫斯基出众的数学才华很快引起德国教授们的重视。他们邀请他来家里做客,还慷慨地允许他随意借阅他们的私人藏书。罗巴切夫斯基的数学老师巴蒂尔教授是高斯的小学老师和好朋友,来喀山大学任教以后,仍和高斯保持着通信。他了解高斯对非欧几何的见解,对罗巴切夫斯基后来非欧几何思想的形成有一定影响。

1811年夏天,罗巴切夫斯基大学毕业。按理说,学校应该授予他硕士学位。可

是昏庸的校长不但不认为出了这样年轻的天才是学校的骄傲,反而觉得把学位授予
一个不到19岁(还差3个月)的孩子是有失"体统"。校长的决定一宣布,教授们一片
哗然。他们提出,如果不把硕士学位授予各科成绩优秀的罗巴切夫斯基,那就谁也
不配获得这个称号。在教授们的严词责问下,校长只得收回成命。

后来罗巴切夫斯基到喀山大学工作。工作之余,他开始思考欧几里得的平行公
理。这条公理是这样的:"若一直线与两直线相交,且若同侧所交两内角之和小于两
直角,则两直线无限延长后,必相交于该侧的一点(等价于'过直线之外一点有唯一
的一条直线和已知直线平行')。"仔细一想,平行公理至少包含两处困难:一处是公
理中所说的"无限延长"。它不但不直观,甚至超出人们的想象力以外。人们可以想
象把一条直线延长到很远的地方,但是无限延长一条直线将是什么样的景象,就难
以想象了。另一个困难是它的结论:"必相交于该侧的一点。"这不能说不证自明。
因为有时候两条线虽然不断地接近,可是始终不相交,像双曲线和它的渐近线就是
这样。所以,虽然没有人怀疑平行公理的正确性,但是,它缺乏其他公理所具有的那
种无可争辩的说服力。甚至欧几里得本人显然也不喜欢它。他只是在证完了不需
要用平行公理的所有定理以后才使用这条公理。由于它包含着这么多的困难,因
此,有人甚至主张把它从欧几里得的公理系统中剔除出去。

但是,科学上任何一项重大成就从来不是一蹴而就的。失败决不等于徒劳。既
然欧几里得几何离不开存在这么多困难的平行公理,就不能不使人们对统治了2000
多年的神圣不可侵犯的欧几里得几何产生疑问:它究竟是不是反映物质空间的唯一
的几何真理?

事情实在太重大了。如果怀疑能够成立,就无疑是人类认识上的一次革命。既
然允许有这样多困难的平行公理存在,为什么不可以有同样多困难的其他的平行公
理呢? 公理,原来并不像康德所宣扬的那样是先于人的经验而存在的,它也不具有
人们所想象的那种绝对性。罗巴切夫斯基倏地推开椅子站了起来。他清醒地意识
到,自己正处在一个历史性的门槛上。跨过门槛,将是一个几何学崭新的时代!

他创造性地运用了处理复杂数学问题常用的一种逻辑方法——反证法,证得第
五公设不可证,从中发现了新几何世界。1826年冬天,罗巴切夫斯基在一次演讲中
提出了不同于欧几里得几何的几何学——罗巴切夫斯基几何(简称罗式几何),给出
了不同于欧几里得平行公理的"双曲平行公理"(等价于"过直线之外的一点至少有

两条直线和已知直线平行")。在这种公理系统中,经过演绎推理,可以证明一系列和欧式几何内容不同的新的几何命题,比如三角形的内角和小于180度,而且随着边长增大而无限变小,直至趋于零;锐角一边的垂线可以和另一边不相交,等等。

不过,这一重要的数学发现在罗巴切夫斯基提出后相当长的一段时间内,不但没能赢得社会的承认和赞美,反而遭到种种歪曲、非难和攻击,使非欧几何这一新理论迟迟得不到学术界的公认。直到罗巴切夫斯基去世后12年才逐渐被广泛认同。

非欧几何诞生的历史告诉我们,科学家不但要敢于对公认的"真理"提出怀疑,向传统观念挑战,也要有勇气公开宣布自己的见解,哪怕它会招来嘲笑、迫害以至杀身之祸。但是,这还不够。作为一名追求真理的战士,不应该掺杂任何自私的目的。他关心的是追求真理和造福于人类。一切有关发明优先权的争论同他格格不入。从这个意义上说,罗巴切夫斯基作为非欧几何的创始人是当之无愧的。高斯虽然早在罗巴切夫斯基以前看到非欧几何的真理,但是他屈服于康德哲学和传统的压力,不能公开地对欧几里得几何提出挑战,甚至不能对罗巴切夫斯基的理论给予公开的支持。

1855年,喀山大学隆重庆祝50周年校庆。双目失明的罗巴切夫斯基拄着拐杖来到会场,亲自把自己一生科学生活的结晶——《泛几何学》一书献给母校。这是他一生的心血,他最高的信念和全部的希望。大会以后,罗巴切夫斯基一病不起。1856年2月24日,这位一生为真理而战斗的战士停止了呼吸。

1892年12月1日,在罗巴切夫斯基100周年诞辰,俄罗斯人民自动捐献建造的罗巴切夫斯基纪念像在喀山正式落成。这是俄国为纪念数学家而树立的第一座纪念像。簇拥在像前的五彩缤纷的花朵象征着非欧几何的鲜花已经在全世界遍地开放。非欧几何的创始人受到人们深深的怀念和敬仰。

三、数学思想——类比

传说鲁班上山砍树时,不小心被齿形草叶划破了手。他很奇怪,如此细小的草叶怎么能划破手呢?于是鲁班细心观察,发现草叶边缘有许多小齿。由此他联想:若用带齿的工具锯树一定比用刀砍树快得多。这样,鲁班就发明了锯子。在这里,鲁班所用的就是"类比法"。在解题过程中,可通过联想找到一个与要解答的题目相类似的原型题,用原型题的解题方法使新问题获得解答,这种思考方法叫作类比法。

类比思想是指依据两类数学对象的相似性,有可能将已知的一类数学对象的性质迁移到另一类数学对象身上去的思想。如加法交换律和乘法交换律,长方形面积公式、平行四边形面积公式和三角形面积公式。类比思想不仅使数学知识更容易理解,而且使公式的记忆变得如顺水推舟般自然和简洁。

当一个比较陌生或复杂的问题与一个比较熟悉或简单的问题之间具有某种相似性的时候,可以把解决前者所用的方法加以推广应用到后者。类比是一种非常有用的思想方法,不过因为任何两个相似的对象之间总会有一定的差异,不恰当的类比也可能产生错误,因此在使用类比方法时要注意避免发生这种情况。

例如,如图,1个大正方形可以分成4个小正方形。能否把一个正方形分成6个、7个、8个,甚至更多的小正方形(大小不一定要相同)呢?

用类比的方法容易想到,可以先把1个正方形分成9个小正方形,再反其道而行之,把其中4个小正方形合并成1个较大的正方形,这样就能得到6个正方形了(如图1)。进而想到分成7个小正方形的方法(如图2)。再与分成6个小正方形的方法类比,就能想到分成8个小正方形的方法(如图3)。要得到10个小正方形,只要先分成7个小正方形,再把其中的1个小正方形分成4个更小的正方形就可以了。照这样,分成再多的小正方形都是可以做到的。

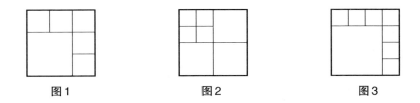

图1　　　　　　　图2　　　　　　　图3

四、数学趣题

下图中，"?"处应该选（　　　　）。

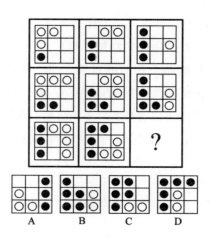

五、数学游戏

一段楼梯有10个台阶，并且规定每一步只能登上一个或两个台阶。那么，要登上第10个台阶，有多少种不同的走法？

从最简单的情况入手：根据已知条件，登上第1个台阶只有1种走法。登上第2个台阶就有两种走法。登上第3个台阶，既可以从第2个台阶向上一步登一个台阶，也可以从第1个台阶向上一步登两个台阶。登上第4个台阶，既可以从第3个台阶向上一步登一个台阶，也可以从第2个台阶向上一步登两个台阶。由此得到一种带有普遍性的走法：登上第n个台阶的走法a_n，等于登上第$n-1$个台阶的走法a_{n-1}和登上第$n-2$个台阶的走法a_{n-2}的和，即$a_n=a_{n-1}+a_{n-2}$。由于$a_1=1$，$a_2=2$，所以登上各个台阶的走法数依次为1、2、3、5、8、13、21、34、55、89。于是登上第10个台阶有89种不同的走法。

这里所使用的方法也叫"递推"，就是一步一步推下去的意思，著名的菲波那契数列就是用这种方法得到的。

第五节　数学与生活

一、文化大观园

四年级(2)班有42名同学去水上公园划船,每条大船能坐6人,每条小船能坐4人。他们共租了9条船,每条船都坐满了。其中大船有几条? 小船有几条?

假设租的9条全是小船,一共能坐36人,还剩下6人没船坐,这是因为把其中一些能坐6人的大船看成了坐4人的小船。每一条大船被看成小船就少坐2人,一共少坐了6人,所以大船就有:6÷2=3(条),小船就有:9-3=6(条)。

你看懂上边的解法了吗? 让我们再来看一个例子:一年一次的运动会又要到了,作为体育委员,你决定这一次一定要想办法让我们班取得全年级第一名的好成绩。那么应该怎么做呢? 同学们赶快行动起来。

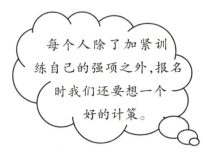

每个人除了加紧训练自己的强项之外,报名时我们还要想一个好的计策。

情报1:××班的×××的100米跑全年级无人能及,还有××班的××在这个项目上也占绝对优势。

策略:看样子,这一项目我们没有优势,肯定要输。所以,找一个最弱的同学报这个项目。

你知道为什么要这么做吗? 不妨试试看,自己来设计几个情报和策略并写下来。

小明的叔叔开了一家餐厅,晚饭时间是餐厅客人最多的时候。怎样合理安排才能让每桌的客人都能最快吃上饭?

> 先做每桌所点的菜中用时最短的菜,各桌轮流上一个,让每桌的客人先吃着;再上每桌所点的第二个菜,这时哪桌的第二个菜用时短就先做哪桌的;再上第三个……这样上菜可以使每桌客人整体所等时间最短。

果果和甜甜都是四年级(3)班的同学,每天早上7:40上课,而且她们的家在同一栋楼上。她们每天早上同一时间起床,可是甜甜每天上学都会迟到,果果却从不迟到,甜甜今天又因为迟到被老师批评了。

你知道这是为什么吗?

坐息时间表:

甜甜:早上7:00起床,穿衣服、洗漱、吃饭15分钟,听英语20分钟,走路上学10分钟。

果果:早上7:00起床,穿衣服、洗漱、吃饭20分钟(同时听英语),走路上学10分钟。

今天天气不好,奶奶去银行取退休金,去了很长时间还没回来,你很担心。于是你出门去找她。到了银行,你看到奶奶抽了号在排队。你陪奶奶等了很长时间,才叫到你们,然后你们只用了不到2分钟就取到了钱。银行的阿姨应该想个办法:怎样才能节约顾客们的时间呢? 让用时少的顾客先办业务,这样很多人等待的时间就会短很多。

二、数学家故事——谷超豪

谷超豪(1926—2012),浙江温州人,数学家,复旦大学教授,中国科学院院士。1948年于浙江大学数学系毕业,1953年起在复旦大学任教,历任复旦大学副校长、中国科学技术大学校长。1980年当选中国科学院数学物理学部委员,撰有《数学物

理方程》等专著。研究成果"规范场数学结构""非线性双曲型方程组和混合型偏微分方程的研究""经典规范场"分获全国科学大会奖，国家自然科学二等奖、三等奖，2009年度国家最高科技奖。2010年1月11日，获得2009年度国家最高科学技术奖。2012年6月24日，谷超豪在上海逝世，享年87岁。

小学三年级学习除法时，谷超豪被除法中的现象迷住了：1被3除，那就是0.3333……一直循环下去，除不尽的，但是却可以用循环小数表示。这让这个小男孩觉得，数学里面有非常神奇的东西，你抓不住它但可以想象。到了六年级的时候，算术上的应用问题越来越难了，例如鸡兔同笼、童子分桃等，这些问题列一个式子解决是不太容易的。当时，有些辅导类的书籍针对各类问题写出了解题公式，许多同学就背公式，应付考试。但是小男孩谷超豪感觉到，数学不应该是背公式，应该动脑子找到更好的方法。当时谷超豪的哥哥在读初中，他抽屉里面有中学的代数教科书，谷超豪就把这些书拿出来看，觉得书上的知识并不难懂。设一个未知数 x，用这个 x 把那些算术问题列作方程式，很快就可以解出来了。这件事让小男孩非常高兴，在课堂上还跟老师讲了，老师对他很是赞赏。

又有一次，数学老师出了一道题："一个四边形，每边边长都是1，这个四边形的面积是不是1？"许多同学都肯定地回答是1，谷超豪却说不是。因为，四边形每边都是1，但你可以把它压扁，变成一条线，这样面积就差不多没有了，所以面积不一定是1，可以是1，也可以比1小很多。

谷超豪和胡和生是一对院士夫妇，他们认为生活应力求简朴，总是想尽量节约时间。比如炒个菜，根据统筹的方法就先炒菜，在煮菜的时间里去洗碗，洗好碗后把这个菜盛到碗里面，这样洗碗的时间就节省出来了。

谷超豪对台风非常感兴趣，每次台风来，他都注意听预报，并且非常留心当时的风向。为什么呢？因为根据当时的风向和台风的几何特性，这位数学家就可以跟天气预报做出同步判断，并且可以比试一下谁更准确，谁更及时。这么好玩的事，谷超豪玩起来可是乐此不疲。有一次强台风向我国东南沿海靠近，在登陆之前，谷超豪的判断和预报的完全一致——它会在浙江或者福建登陆。当时上海非常紧张，预备这次台风晚间来袭。中午前后，谷超豪看到朝南的窗口打着雨点，风向正朝东南方向转变,就认定这个台风已经在浙江登陆,而且中心正向西或西北方向移动,上海不会有大问题。事实证明,这个判断很正确。谷超豪认为,有时候用某些简单、直观的数学,也可以得出相当好的结果。

数学即人生。所以,数学家谷超豪爱用他倾心的诗词述说对数学之树的景仰与爱慕:人言数无味,我道味无穷;良师多启发,珍本富精蕴;解题岂一法,寻思求百通;幸得桑梓教,终生为动容。

三、数学思想方法——假设思想

我国古代趣题"鸡兔同笼"问题的解决方法,用的就是假设法。这一数学方法是数学学习过程中经常用到的一种方法,就拿"鸡兔同笼"问题来说吧。

有若干只鸡和兔子同在一个笼子里,从上面数,有35个头,从下面数,有94只脚。则笼中各有多少只鸡和兔?

方法一:

假设全是兔:

鸡数:[4×(35−94)]÷(4−2)

=(140−94)÷2

=46÷2

=23(只);

兔数:35−23=12(只)。

假设全是鸡:

兔数:[(94−35)×2]÷(4−2)

=(94−70)÷2

=24÷2

=12(只);

鸡数:35−12=23(只)。

方法二:

假设:让鸡抬起一只脚,兔子抬起两只脚,此时总脚数是原来的一半。这时鸡的脚数和头数相同,兔子现有两只脚,脚的只数比头数多一。所以,笼子里只要有一只兔子则脚的总数就比头的总数多一。

94÷2=47（只），

兔：47-35=12（只），

鸡：35-12=23（只）。

所以，鸡有 23 只，兔有 12 只。

四、数学游戏

在一次游戏中，有 54 张扑克牌，东东和明明两人轮流拿，每次最多拿 6 张，最少拿 1 张，不能不拿，谁拿到最后一张牌谁获胜。东东想要获胜，他能想出一定获胜的方法吗？

怎样才能获胜呢？谁先拿？拿几张？

五、数学趣题

小陈喜欢收藏硬币。他把 1 分、2 分、5 分的硬币分别放在 5 个一样的盒子里，并且每个盒子里所放的 1 分、2 分、5 分的硬币数量都相等。

小陈闲暇之余就都会把这些硬币拿出来清点。他把 5 盒硬币都倒在桌子上，分成 4 堆，每一堆的同种面值的硬币的数量都相等。然后把其中两堆混起来，又分成 3 堆，同样每一堆里的同种面值的硬币的数量相等。那么，根据上面提供的信息，你能判断出他至少有多少个 1 分、2 分和 5 分的硬币吗？

第五章　数学梦工厂

第一节　方程的由来

一、文化大观园

> 同学们，我们已经知道了方程的意义。但是，"含有未知数的等式"丝毫没有"方程"的意思，为什么叫作"方程"呢？

　　要说明"方程"的由来，先得从我国古代的"筹算"说起。我们现在都用拉丁字母表示数，用阿拉伯数字书写数。可是我国古代的人们既不知道拉丁字母，也不认识阿拉伯数字，他们是用"算筹"记数的。你看这个"算"字多有意思！上面是"竹"字，下面是"具"字，所以，"算"就是"竹制的计算工具"。从汉朝开始，人们就用竹子制成许多长六寸（合现在的4.15市寸，大约13.83厘米）的小竹棒，这些小竹棒就叫"算"，或者叫"筹"，我们现在把它叫作"算筹"，用算筹来计算的方法叫作"筹算"。

　　现在小朋友该明白了：在"方程"这个词里，"方"就是"列筹成方"的意思。刘徽用算筹列出的方程不就是把算筹摆成了一个长方形吗？"程"就是"课程"，所以"方程"就是"列筹成方的课程"。

方程的英语单词是"equation",就是"等式"的意思。这里当然不会有"方"的含义。清朝初年。中国的数学家把"equation"译成"相等式",到清朝咸丰九年(公元1859年)才译成"方程"。从这时候起,"方程"这个词就表示含有未知数的等式,而刘徽所说的"方程"就叫作"方程组"了。

二、数学家故事——丢番图

目前,初中数学主要分成代数与几何两大部分,其中代数学的最大特点是引入了未知数,建立方程,对未知数加以运算。而最早提出这一思想并加以举例论述的,是古代数学名著《算术》一书,其作者是古希腊后期数学家丢番图。这部著作原有13卷。1464年,在威尼斯发现了前6卷希腊文抄本,后又在马什哈德(伊朗东北部)发现了4卷阿拉伯文译本。

在丢番图时代的古希腊,学者们的兴趣中心在几何,他们认为只有经过推理论证的命题才是可靠的。为了逻辑的严密性,一切代数问题,甚至简单的一次方程的求解,也都纳入了几何的模式之中,而丢番图把代数解放了出来。但是由于这一思想远远超出了同时代人的理解力而不为同时代人所接受,很快就湮没了,因此没有对当时数学的发展产生太大的影响。直到15世纪,《算术》被重新发掘,鼓舞了一大批数学家,他们在此基础之上把代数学大大向前推进。其中最著名的当属费马(17世纪),他手持一本《算术》,并在其空白处写写画画,写下了费马大定理(直到20世纪90年代才被人们所证明),把数论引上了近代的轨道。

对于丢番图的生平事迹,人们知道得很少。但在一本《希腊诗文选》(公元500年前后,大部分由语法学家梅特罗多勒斯编写)中,收录了丢番图的墓志铭:"坟中安葬着丢番图,多么令人惊讶,它忠实地记录了所经历的道路。上帝给予的童年占六分之一。又过十二分之一,两颊长胡。再过七分之一,点燃起结婚的蜡烛。五年之后天赐贵子,可怜迟到的宁馨儿,享年仅及其父之半,便进入冰冷的墓。悲伤只有用数论的研究去弥补,又过四年,他也走完了人生的旅途。"

墓志铭的意思是:丢番图的一生,幼年时代占1/6,青少年时代占1/12,又过了其一生的1/7才结婚,5年后生了儿子,但很遗憾他的儿子比他还早4年去世,寿命只有他的一半。有兴趣的同学可以列方程算算看:丢番图到底活了多少岁?

三、数学思想方法——方程思想

妈妈买了3千克香蕉和2千克苹果,一共花了16元。苹果的单价是香蕉的2倍多1元。苹果和香蕉的单价各是多少?

本题所蕴含的数学思想就是方程思想。

方程是初等数学代数领域的主要内容,也是解决实际问题的重要工具,它可以用来描述现实世界中的各种数量关系。

方程思想的核心是将问题中的未知量用数字以外的数学符号(常用x、y等字母)表示,根据相关数量之间的相等关系构建方程模型。方程思想体现了已知与未知的对立统一。

本题涉及的是商品的数量、单价和总价的关系,根据数量关系"单价×数量=总价"进行分析。题中出现了两种商品,总价也是两种商品的总价,所以等量关系应为"香蕉的单价×香蕉的数量+苹果的单价×苹果的数量=总价"。再根据这个等量关系找出题中已知的量,总价16元、香蕉的数量3千克和苹果的数量2千克。未知的是香蕉和苹果的单价,也就是题目中要求的量。算算看:它们分别是多少呢?

四、数学趣题

数学老师向大家宣布这次考试要采用特殊的计分制度:试卷上共有20道题,做对一题加5分,做错一题不仅不给分,还要倒扣3分。鹏鹏交了卷,事后老师说:"你要是少错一道题就及格了。"

鹏鹏对了几道题,又错了几道题呢?

五、数学游戏

有甲、乙、丙、丁四个数,它们的和是45。如果甲数减少2,乙数增加2,丙数乘以2,丁数除以2,那么这四个数就相等。这四个数分别是多少?

第二节　可能性

一、文化大观园

古时候,有一位糊涂的县官,因为听信师爷的谗言就把无辜的张三抓了起来。在审问时,他对张三说:"明天给你最后一次机会,到时我这里会有两枚签,一枚签上写着'死'字,另一枚签上写着'生'字,你抽到哪一枚签,就判你什么。"小朋友,如果让张三抽的话,可能会怎样呢?

可是,一心想害死张三的师爷却在两个签上都写了一个"死"字。小朋友,如果再让张三抽的话,结果会怎样呢?

幸亏张三的一位朋友把这个消息告诉了他。第二天,县官在开堂时,让张三抽签。张三抽了一枚签,连忙吞进肚子里。县官只好打开另一枚签,发现上面写着"死"字,以为张三抽到的是"生"字签,就放了张三。

二、数学家故事——泊松

泊松,法国数学家。1781年6月21日生于法国卢瓦雷省的反蒂维耶,1840年4月25日卒于法国索镇。泊松是法国数学家、物理学家和力学家。

泊松是19世纪概率统计领域里的卓越人物,他改进了概率论的运用方法,特别是用于统计方面的方法,建立了描述随机现象的一种概率分布——泊松分布。他推广了"大数定律",并导出了在概率论与数理统计中有重要应用的泊松积分。他是从法庭审判问题出发研究概率论的,1837年出版了他的专著《关于刑事案件和民事案件审判概率的研究》。

泊松在青年时代研究过一个有趣的数学游戏:某人有12品脱的啤酒一瓶,想从中倒出6品脱。但是他没有6品脱的容器,只有一个8品脱的容器和一个5品脱的容器。怎样的倒法才能使8品脱的容器中恰好装了6品脱啤酒(品脱是英美制容量单位,1品脱约等于0.568升)？对这个数学游戏的研究竟决定了泊松一生的道路,从此他决心要当一位数学家。

> 同学们,你们知道泊松是如何办到的吗？和你的小伙伴们商量商量!

三、数学思想方法——随机思想

天气预报预测明天降水率是90%,明天一定下雨吗？

本题蕴含的数学思想就是随机思想。

生活中的事件可以分为两类:一类是确定事件,在一定条件下一定会发生的和一定不会发生的,这些事件都是确定事件。如每天日出日落、四季轮回是一定发生的,而掷两枚骰子朝上的两个数字的和是13是不可能发生的。另一类是随机事件,就是在一定条件下可能发生也可能不发生的事件。如一个产妇生男婴还是女婴、某种子是否发芽、某产品是否合格等事件,都是随机事件。这些随机事件表面上看杂乱无章,但是大量地重复观察这些事件时,这些随机事件会呈现规律性,这种规律叫统计规律,概率论是研究随机现象的统计规律的一门数学学科,统计与概率有着密切的联系。

明天是否降雨就是一个随机事件,尽管降水概率高达90%,说明降水的可能性很大,但可能性很大的事件也可能不发生。如果遇到天气情况的突然变化,改变了降水的条件,明天就可能不下雨。所以说,不能说明天一定下雨。

四、数学趣题

一个口袋里装有编号为1至8的8个球。现在将8个球随机地先后全部取出,从右到左排成一个8位数,比如63487521,它正好能被9整除。你知道这样随机排成的8位数,它能被9整除的概率是多少吗？

五、数学游戏

　　小宁和露露玩一种游戏：有50个白球和50个黑球、两个一模一样的箱子，小宁让露露随意将所有的球分别放进两个箱子去，然后小宁在不让露露看到的情况下，将箱子变换了一下位置，使露露不能区别两个箱子，然后让她任意从某个箱子里摸出一个球。在这种情况下，露露有没有把握让一次摸到白球的机会大于70%？

第三节　图形的变换

一、文化大观园

　　这些图形都是经过平移、旋转或者是轴对称变换得到的。变换是数学中一个带有普遍性的概念，代数中有数与式的恒等变换，几何中有图形的变换。在初等几何中，图形变换是一种重要的思想方法，它以运动变化的观点来处理孤立静止的几何问题，往往在解决问题的过程中能够收到意想不到的效果。

二、数学家故事——陈省身

陈省身，1911年10月28日生于浙江嘉兴秀水县，美籍华裔数学大师，20世纪伟大的几何学家。

1926年，陈省身进入南开大学数学系。1934年夏，他毕业于清华大学研究生院，获硕士学位，成为中国自己培养的第一名数学研究生。1943年发表《闭黎曼流形的高斯-博内公式的一个简单内蕴证明》《Hermitian 流形的示性类》。1963年至1964年，陈省身担任美国数学学会副主席。1995年陈省身当选为首批中国科学院外籍院士。1999年被聘为嘉兴学院首任名誉院长。2004年12月3日，陈省身在天津医科大学总医院逝世，享年93岁。

陈省身9岁考入秀州中学预科一年级。这时他已经能做相当复杂的数学题，并且读完了《封神榜》《说岳全传》等书。1922年秋，他的父亲到天津法院任职，陈省身全家迁往天津，住在河北三马路宙纬路。第二年，他进入离家较近的天津市扶轮中学读书，在班上年纪虽小，却充分地显露出了他在数学方面的才华。陈省身考入南开大学那一年还不满15岁，但却是全校闻名的少年才子，同学们遇到问题都会向他请教，他也非常乐于帮助别人。大学一年级时有国文课，老师出题让大家写作文，陈省身写得很快，一个题目往往能写出好几篇内容不同的文章。同学找他要，他自己留一篇，其余的都送人。到发作文时他才发现，给别人的那些得的分数反倒比自己那篇要高。

他不爱运动，喜欢打桥牌，且牌技极佳。图书馆是陈省身最爱去的地方，常常在书库里一待就是好几个小时。他看书的门类很杂，历史、文学、自然科学方面的书，他都一一涉猎，无所不读。入学时，陈省身和他父亲都认为物理比较切实，所以打算到二年级分系时选物理系。但由于陈省身不喜欢做实验，既不能读化学系，也不能读物理系，只有一条路——进数学系。

数学系主任姜立夫对陈省身的影响很大。数学系1926级学生只有5名，陈省身和吴大任是全班最优秀的。吴大任是广东人，被保送到南开大学，他原先进了物理系，后来因为姜立夫，转到了数学系，和陈省身非常要好，成为终生知己。姜立夫为拥有两名如此出色的弟子而高兴,开了许多门在当时看来很是高深的课,如线性代数、微分几何、非欧几何等等。二年级时,姜立夫让陈省身给自己当助手,任务是帮老师改卷子。起初只改一年级的,后来连二年级的都让他改,另一位数学教授的卷子也交给他改,每月报酬10元。第一次拿到钱时,陈省身不无得意,这是他第一次拿到的劳动报酬啊!

三、数学思想方法——图形变换思想

图形变换作为几何领域的重要内容之一,在图形的性质的认识、面积公式的推导、面积的计算、图形的设计与欣赏、几何的推理证明等方面都有重要的应用。

平移变换有以下一些性质:

(1)图形变为与之全等的图形;

(2)在平移变换下两点之间的方向保持不变;

(3)在平移变换下两点之间的距离保持不变。

旋转变换有以下一些性质:

(1)把图形变为与之全等的图形;

(2)在旋转变换下,任意两点 A 和 B,变换后的对应点为 A' 和 B',则有直线 AB 和直线 $A'B'$ 所成的角为定角;

(3)在旋转变换下,任意两点 A 和 B,变换后的对应点为 A' 和 B',则有 $AB=A'B'$。

轴对称有如下性质:

(1)把图形变为与之全等的图形;

(2)在对称变换下,任意两点 A 和 B,变换后的对应点为 A' 和 B',则有直线 AB 和直线 $A'B'$ 所成的角的平分线 l;

(3)两点之间的距离保持不变,任意两点 A 和 B,变换后的对应点为 A' 和 B',则有 $AB= A'B'$。

四、数学趣题

小明家的院子里有一块长30米、宽20米的长方形菜地,地里有两条相互垂直而且宽都是1米的小路。这块地实际种菜的面积是多少?

五、数学游戏

拿出一张正方形、长方形、平行四边形、菱形、圆形、正六边形等为中心对称的图形的纸张,然后让两位同学依次往这些纸上放相同面值的硬币,硬币不能够重叠并且必须完全放到纸张上。直到将这些纸完全放满为止,最后一个放硬币的人就成为优胜者。

如果你是第一个放硬币的人,你该如何获得最后的胜利呢?

第四节　用数对确定位置

一、文化大观园

同学们,我们已经学习了用数对来确定位置。那你们知道吗? 是谁最先发明数对的呢? 让我们一起来看看吧!

笛卡尔是法国著名的哲学家、数学家、物理学家。有一天,笛卡尔生病卧床,但他的头脑一直没有休息,还在反复思考一个问题:通过什么办法,才能把"点"和"数"联系起来呢? 突然,他看见天花板一角的一只蜘蛛正在那里左右拉丝。他想,可以把蜘蛛看作一个点,蜘蛛的每个位置就能用一组数确定下来。于是,在蜘蛛的启示下,笛卡尔用一对有顺序的数表示平面上的一个点,创建了数对与直角坐标系。因为这一创造,他本人也受到了人们永远的尊敬。由此可以看出,在我们的生活中蕴藏着许多奥秘,同学们要学会用数学的眼光观察生活、了解生活。

有了数对,我们就能很容易地表示出某一点的位置。数对不仅能表示二维空间(长、宽),还可以表示三维空间(长、宽、高)或四维空间(长、宽、高、时间)。世界上的所有点都可以用数对表示,数对将给我们的生活带来极大的便利。

地球上的纬线是横着的,经线是竖着的。所以,它们也可以用数对确定下来。比如:

　　北京:北纬(39°57′),东经(116°28′);

　　纽约中心:北纬(40°43′),西经(74°0′)。

二、数学家故事——伽罗华

　　伽罗华(或译为"伽罗瓦"),法国数学家,与尼尔斯·阿贝尔并称为现代群论的创始人。生于1811年12月25日,这正是以1789年为开端的伟大革命时代转入保守沉闷的波旁王朝复辟的历史时期。他的故乡是巴黎市郊的一座美丽的小城镇。父亲作为一位有责任心的自由党人,深受伽罗华的尊敬与爱戴。母亲是一位法官的女儿,聪明而有教养,是伽罗华的启蒙老师。她除了教授伽罗华各种基本知识外,还把古希腊文学中的英雄主义、浪漫主义情操灌输到了儿子稚嫩而敏感的心中。伽罗华的童年就是在这种影响与熏陶下度过的。

　　1823年10月,12岁的伽罗华考入路易·勒·格兰皇家中学。但伽罗华对这所"著名"中学的教育方式并不欣赏:一方面是由于同窗共学的贵族子弟们的傲慢态度使他难以忍受,另一方面是由于教师们缺乏生气的教学方法令他失望。因此,中学的开始两年,尚未涉足数学领域的伽罗华并没有表现出特殊的才华。

　　终于到了中学三年级,伽罗华被批准学习数学。他一踏入数学天地,就立即表现出一种只有数学大师才具备的那种注重推理方法的简洁和清晰的非凡天赋。他痛恨内容贫乏、编排琐碎的教科书,厌恶教师只注重形式和技巧的讲课方式,于是,年仅15岁的伽罗华毅然抛开教科书,直接攻读数学大师的专著,如醉如痴:勒让德尔的经典著作《几何原理》,使他领悟到清晰有力的数学思维内在的美;拉格朗日的《论数值方程解法》和《解析函数论》,则进一步帮助他训练了思维,开阔了眼界;当他接连读完了欧拉、高斯等人的著作后,一种自信和豪气油然而生,因而坠入数学王国的深河而不能自拔。伽罗华在数学领域中表现出的惊人的理解力与自信心,那种与传统方式、观念决裂的勇气及其选定的探索新领域的独特道路与思维方式,为其成为数学先驱做好了准备。

伽罗华的生活历程充满了挫折与磨难。伽罗华所处的时代和他特有的个性注定了他那坎坷不平的经历。

1828年,伽罗华首次报考当时巴黎最负盛名的学校——综合技术学校,但未能如愿,只好转到数学专业班学习。在这里,33岁的里查教授在学习、生活各方面对伽罗华产生了较大的影响。里查教授是一位才华横溢、热情宽厚的教师,他讲课优雅,思维清晰,并且具有发掘科学英才的敏锐判断力和高度责任感,因而他发现并培养了伽罗华、天文学家维里叶、数学家厄尔米特等人。

里查教授一开始就认为伽罗华是一位天赋极高的少年,并指出他只宜在数学的尖端领域工作,他给了伽罗华无微不至的关怀与帮助。就在这一年,年仅17岁的伽罗华,在里查教授的鼓励与指导下,写出了第一篇学术论文——"关于五次方程的代数解法问题",并向科学院提交了备忘录。尽管这篇文章受到轻慢和冷视,但它标志着伽罗华数学研究工作的开始。

对伽罗华而言,1829年的确是一个多事之秋。伽罗华的父亲由于忍受不了保守派的恶语中伤而饮恨自杀,相依为命的伽罗华母子经济无援,生活十分拮据。在这种情况下,伽罗华一方面坚持学习、研究,挑灯夜战,另一方面又要帮工、扛活以维持生计。他经过充分的准备后,再次义无反顾地报考巴黎综合技术学校。对这次考试,伽罗华可谓信心十足。因为他相信,自己在代数方程理论方面取得的成果一定会吸引这所很注重数学成绩的名牌学校。

然而情况大大出乎伽罗华的意料:主考人对伽罗华介绍的成果毫无兴趣,相反地还故意提出一些稀奇古怪、错综复杂的问题刁难他,这使伽罗华十分恼火。他请求主考人注意他的发现,但主考人对此放声狂笑。看到自己心爱的成果和课题遭人讥讽,伽罗华再也忍受不住了,他不顾一切地将擦黑板布扔向主考官,心碎而去。就这样,这所闻名遐迩的学校再次无情地把这位天才拒之门外。伽罗华显然不是那种备受社会注目和特殊培养的骄子,相反,他面对的却是社会的压制、命运的挑战、接二连三的打击。但是,年轻的伽罗华并没有屈服,他忍受着失去父爱的悲痛和两次落考的耻辱,带着深切关怀着自己命运的里查教授的希望和嘱托,来到师范大学接受深造。

在师范大学,伽罗华怀着极大的热情相继写出数篇研究论文,但均未得到足够的重视。前面提到的"关于五次方程的代数解法问题",由科学院转交柯西审查。但柯西认为,伽罗华在研究报告中所阐述的内容并没有什么惊人之处,正像高斯对待波耶的非欧几何论文一样,柯西保持了一种冷静与沉默的态度,只是建议伽罗华写出详细的报告,去参加科学院举办的数学大奖赛。伽罗华将论文按要求修改后又送呈科学院,但因此时柯西已离开法国,文稿转由傅里叶审定。不幸的是,傅里叶去世,文稿意外丢失,这使伽罗华又失去了一次在学术上被肯定的机会。1830年底,科学院把手稿遗失的消息通知了伽罗华。不久,伽罗华完成了"关于用根式解方程的可解性条件"一文,院士泊松等人虽绞尽脑汁,但依旧无法对此成果做出正确的判断,更未发现其中包含着的划时代的数学思想,因而以"完全不能理解"为由予以退回。

伽罗华真可谓生不逢时。试问,还有比自己的研究成果不被人理解与承认更大的打击和挫折吗?可是,倔强的伽罗华没有退缩,而是直面挫折,并且更加顽强、愈加努力地工作、战斗,在磨砺中不断开拓、完善。

确实,伽罗华的思想是那样深邃,以至于当时的知名学者都难以估量这项工作的价值。现在看来,尽管伽罗华的数学研究是围绕代数方程的根式解展开的,但其对于整个数学领域的影响却远不止如此。我们不妨从数学史谈起。

在公元前20世纪左右,古巴比伦人就能解二次方程了。16世纪欧洲文艺复兴时期,意大利数学家找到了三次方程的求根公式,不久,费尔拉里又发现了四次方程的根式求解方法。正当数学家们踌躇满志地向五次方程及更高次代数方程进军时,遇到了料想不到的困难,各种努力均告失败。拉格朗日称之为"好像是向人类智慧的挑战",他透彻地分析了前人所得到的次数低于5的代数方程的解法,机智地预见到也许5次以上的代数方程无一般的公式解(但未能给出证明)。1824年,年轻的挪威数学家阿贝尔证明了拉格朗日的这一设想,从而摘取了数学皇冠上的一颗明珠。不过,其证明并没有给出一个准则来判定一个具体数字系数的高次代数方程能否用根号求解。他们的功绩不容抹杀,但与伽罗华的光辉成就相比就逊色多了。伽罗华一开始就表现出自己的风格:他感兴趣的不是具体的数学问题,不是研究高次代数方程所得出的具体结论,而是解决这些问题的一般方法,是能概括这些具体成果并决定数学长期发展的深刻理论。

在伽罗华以前的数学家,总是努力从已知概念和定理出发寻求新的证明,致力于数学技巧的竞争,而伽罗华所走的道路乃是寻求新问题所需的新名称、符号,即首先进行概念的突破,然后用新概念来构造新证明。伽罗华用非常独到的思路研究解方程的步骤,注意到方程根的对称性以及根变换之间的关系,定义了"群"的概念,并给其以活的灵魂。伽罗华的工作不是研究方程本身,而是研究与方程密切联系的变换群,这样就使方程的特性反映在变换群的特性上,因而弄清了群的规律性,也就透彻地解决了方程的求解问题。更重要的是,群所处理的是抽象的对象,由群的理论研究获得的一般结果,带有深刻的普遍性。因此,以群论为代表的数学理论,是处理问题的一种深刻的现代数学方法,为其他研究提供了有力的数学工具。这种理论对于近代数学、物理学的发展,甚至对 20 世纪结构主义哲学思想的产生,都产生了深远的影响,具有划时代的意义。

但由于当时人们沉醉于对形式和技巧的盲目追求,旧时代数学家未能理解伽罗华的数学研究。因此,直至 1846 年(而此时伽罗华已去世 14 年),这些主要成果与见解才发表在刘维尔创办的《纯粹数学与应用数学》杂志上,并收入 1870 年出版的《置换和代数方程专论》一书中。这样,伽罗华超越时代的天才思想逐渐被人们理解和承认,发展成今天这样一门博大精深的基础学科——近世代数。

淘尽黄沙始见金。随着科学的发展,人们越发认识到伽罗华思想的价值。伽罗华也因而得到了他生前没有得到的荣誉和尊敬。

我们纪念伽罗华,不仅因为他是一位杰出的数学英才,而且还因为他是一位勇敢不屈的战士。一方面,当自己的成果和才能不被理解和承认时,他没有消沉,没有气馁,而是更积极地研究、探索;另一方面,他又以战士的姿态积极投身于争取社会进步的革命活动中,坚强不屈,视死如归。伽罗华生活在经历了资产阶级大革命后的法兰西,生长在压制革命摧残人才的波旁王朝复辟时期,他不是那种害怕社会斗争的急风暴雨而躲进科学象牙之塔中的人,而是始终站在人民斗争的前列。1830 年"七月革命"期间,他因参加"民友社"、抨击学校子监不支持革命等而被开除,又因率众游行而以政治罪两次被囚禁。所有这些都没有使伽罗华屈服,他把科学理想和社会信念结合起来,不论在数学王国,还是在现实斗争中,都至死保持着对真理的忠诚。

监狱生活也阻止不了伽罗华的数学研究。这时他对法国科学院已经完全失去了信心。他一边整理已经取得的研究成果,修改关于方程论的论文并在椭圆函数方面做深入的研究,一边着手撰写准备为以后出版著作时用的序文。1832 年 4 月 29

日,伽罗华获释出狱治病。几个月的囚禁生活严重摧残了他的身体健康,内心也饱受痛苦和愤懑。他原计划离开巴黎继续从事他的研究,但路遇不速之客,相约于5月30日决斗,结果造成重伤,于次日凌晨离世,时年不满21岁。决斗前夕,伽罗华考虑到可能的后果,因此郑重其事地写了几封信。在致全体共和派的信中,他写道:"我请求我的爱国朋友们不要责怪我不是为自己的祖国而献出生命。"他在生命的最后时刻还想着祖国、人民、战友。伽罗华还深深惦记着他一生为之奋斗的事业——数学,他匆忙中还精心地将研究成果扼要地写在字条上,并附以自己的论文手稿,留给了他的好友舍瓦烈,并请他"公开向雅可比和高斯请教,并建议他们发表自己的意见,但不是谈理论的正确与否,而是谈这些理论的意义和价值"。看来,伽罗华寄希望于德国数学家,希望他们"仗义执言",并指引后人对他所留下的问题进行深入研究。

孰知不向边庭苦,纵死犹闻侠骨香。伽罗华过早地告别了他驰骋的战场,但他的精神及其开创的事业流芳百世。有人说,他的死,使数学进展延缓了数十年。是的,这不仅仅是伽罗华的悲剧,也是数学的悲剧。但是我们又有什么理由来指责这位不足21岁的年轻人呢?两次投考综合技术学校而落选,研究成果不被人理解与尊重,父亲自杀,被师范大学除名,两次因禁……伽罗华最终满怀惆怅地倒了下去。

你从伽罗华的身上学到了哪些精神?

伽罗华作为一个天才的数学家,不仅巧妙地运用置换群这一工具,透彻地解决了在长达200多年的时间中令不少数学家伤透脑筋的问题,而且由于其独特的数学思想与巧妙的方法,成为无可争辩的近世代数创始人。伽罗华作为一名勇敢顽强的战士,不仅执着地追求、捍卫数学真理,而且坚决地与命运、保守势力抗争。因此,伽罗华的名字令人肃然起敬,伽罗华的成绩值得我们珍惜,伽罗华的精神更将鼓舞我们去攀登、开拓。

三、数学思想方法——变中有不变思想

在学习数学或用数学解决问题的过程中,会面对千变万化的对象,在这些变化中找到不变的性质和规律,发现数学的本质,这就是变中有不变的思想。所谓"万变不离其宗"恰当通俗地概括了这个思想。如除法、分数和比表面上有很大不同,除法是一种运算,分数是一种数,比表示一种关系。实际在本质上它们有一致的一面,都可以表示两个数之间的关系。

数学的概念、法则、性质、定律、数量关系式(包括各种公式)等,都可以广泛应用变中有不变的思想。整数的认识,无论一个整数有多大,本质上都是利用十进位值制计数原理计数,这是不变的。利用 10 个数字,放在不同的数位上表示不同的大小。更进一步,小数的表示也是整数的十进制计数法的扩展。小数与分数、分数与百分数也有密切的联系。

运算律是从整数开始归纳的,在此基础上可以扩展到小数、分数,运算律对小数和分数来说适用性是不变的。

例:请在下面空白处分别画一个三角形、四边形、五边形。量出这三个图形的外角,它们的外角和是多少度?任意多边形的外角和是多少度?想想:什么变了?什么没变?你发现了什么?

四、数学趣题

古希腊国王与著名数学家阿基米德下棋,结果国王输了,他问阿基米德有什么要求。阿基米德对国王说:"棋盘上共有 64 个格,如果第一格放上一粒米,第二格放上第一格米数的 2 倍,第三格放上第二格米数的 2 倍,如此放下去,一直放到 64 格为止。我就要这些米的总数。"国王听了不假思索地满口答应。请你帮助国王算一算,他该准备多少粒米送给阿基米德?

五、数学游戏

在化学实验课上,同学们需要从一瓶 70 克的药粉中取出 5 克来做实验,而化学老师故意只给他们一架天平和一只 20 克的砝码。你知道该如何取得适量的药粉吗?

第五节 因数与倍数

一、文化大观园

通过前面的学习,聪明的小朋友们已经非常熟练地掌握了加、减、乘、除的运算。我们今天讲的倍数和因数就与乘法和除法息息相关。首先,我们来了解一下什么是倍数,什么是因数吧。

我们先来看个小例子:

小明有3朵小红花,小亮有6朵,小伟有9朵。那么小亮的小红花是小明的几倍? 小伟的小红花又是小明的几倍呢?

解析:我相信熟练掌握了乘法和除法计算的同学可以很快地算出小亮的红花是小明的2倍,小伟的红花是小明的3倍。怎么样,聪明的小朋友答对了吗?

6是3的2倍,其中"6"和"3"这两个数都是自然数。那么,它们之间又有什么关系呢? 这种关系就是我们今天要了解的倍数关系。那么谁是谁的倍数呢? 如果你说6是倍数的话,那你就错了哦,就像我说小明一个人是好朋友一样,这就不对了。其实倍数是两个数之间的关系,我们应该说清楚谁是谁的倍数,比如6是3的倍数。同样地,我们也可以知道9是3的倍数。

怎么样,对于"倍数"这个概念,小朋友们都理解了吧。那么,"因数"又是怎么一回事呢? 我们接着往下看。

我们说"3×2=6"这个算式中6是3的倍数,那么反过来,2和3是6的什么数呢? 聪明的小朋友可能猜到了,这就是"因数",2和3都是6的因数。同样的道理:"3×4=12""2×6=12",那么我们就说3、4、2、6都是12的因数。

有的小朋友会问："1×6=6"，那么6和6是什么关系呢？难道6是6的倍数，6又是6的因数吗？没错，在这种情况下，倍数和因数都是同一个数字。怎么样，是不是很有趣啊？

二、数学家故事——哥德巴赫

哥德巴赫，1690年3月18日出生于格奥尼格斯别尔格（现名加里宁城），是一位德国数学家。他曾在英国牛津大学学习，原学法学，后来由于在欧洲各国访问期间结识了伯努利家族，所以对数学研究产生了兴趣。哥德巴赫曾担任中学教师。1725年来到俄国，同年被选为彼得堡科学院院士；1725—1740年担任彼得堡科学院会议秘书；1742年移居莫斯科，并在俄国外交部任职。曾提出著名的哥德巴赫猜想。

在1742年给欧拉的信中，哥德巴赫提出了以下猜想：任一大于2的偶数都可以写成两个质数之和。但是哥德巴赫自己无法证明它，于是就在信里请赫赫有名的大数学家欧拉帮忙证明，但是一直到死，欧拉也没有证明出来。因现今数学界已经不再使用"1也是质数"这个约定了，所以原猜想的现代陈述为：任一大于5的整数都可以写成三个质数之和。欧拉在回信中也提出另一等价版本，即任一大于2的偶数都可以写成两个质数之和。现在比较常见的猜想陈述为欧拉的版本，亦称为"强哥德巴赫猜想"或"关于偶数的哥德巴赫猜想"。把命题"任一充分大的偶数都可以表示成为一个素因子个数不超过a个的数与另一个素因子个数不超过b个的数之和"记作"a+b"。1966年陈景润证明了"1+2"成立，即"任一充分大的偶数都可以表示成两个素数的和，或是一个素数和一个半素数的和"。

从关于偶数的哥德巴赫猜想可推出猜想：任一大于7的奇数都可写成三个质数之和，称为"弱哥德巴赫猜想"或"关于奇数的哥德巴赫猜想"。若关于偶数的哥德巴赫猜想是对的，则关于奇数的哥德巴赫猜想也会是对的。弱哥德巴赫猜想尚未完全解决，但1937年时苏联数学家维诺格拉多夫已经证明充分大的奇质数都能写成三个质数的和，也称为"哥德巴赫-维诺格拉多夫定理"或"三素数定理"。

三、数学思想方法——有限与无限思想

在学习数学和解决问题的过程中，会遇到两种特殊情况：一是所研究的对象是无限的，如分数的个数是无限的，分数加法算式的个数也是无限的。在研究分数加

法的算法时不可能研究所有算式,而是选取几个有代表性的例子,通过计算归纳,以对有限的研究来解决无限的问题。二是所研究的对象是有限的,通常将有限问题转化为无限问题来解决。

如上所述,将无限问题转化为有限来求解或将有限问题转化为无限来解决,就是有限与无限思想。另外,有限中有无限、无限中有有限,也是有限与无限的思想。

四、数学趣题

国王要带兵出征,出发前为了鼓舞士气,对士兵进行检阅。他命令士兵每10人一排列队,谁知排到最后缺1人。国王认为这样不吉利,于是改为9人一排,可最后一排又缺1人;改成8人一排,仍缺1人;7人一排,还缺1人;6人一排,依旧缺1人……直到两人一排,还是凑不齐完整的队伍。这位国王非常沮丧,以为这是老天对自己的暗示,不到3000人的队伍怎么会怎样排都凑不齐呢?

小朋友,你能猜出他的军队有多少人吗?

五、数学游戏

约翰和简两个人一起去游乐园玩儿,约翰带的钱是简的2倍。两个人进游乐园时,买门票各花去60元,这时约翰的钱成了简的3倍。通过这些,你能知道他们各带了多少钱出门吗?

第六章　数学万花筒

第一节　圆的发现

一、文化大观园

> 圆是一个非常美丽的图形,它在生活中无处不在。如此美丽的图形是谁先发现的呢?

　　古代人最早是从太阳和阴历十五的月亮得到圆的概念的。那么,是什么人画出第一个圆的呢?大约18000年前的山顶洞人用一种尖状的石器来钻孔,一面钻不透,再从另一面钻。石器的尖是圆心,它的宽度的一半就是半径,这样以同样的半径和圆心一圈圈地转就可以钻出一个圆形的孔了。到了陶器时代,许多陶器都是圆形的,这些圆形的陶器是将泥土放在一个转盘上制成的。大约6000年前,半坡人就已经会建造圆形的房顶了。古代人还发现圆柱形的木头滚着走比较省劲,于是他们就在搬运重物时,把几段圆木垫在重物的下面滚着走,这可比扛着走省劲多了。同样在大约6000年前,美索不达米亚人,做出了世界上第一个轮子——圆形的木轮。而约在4000年前,人们将圆形的木轮固定在木架上,这就成了最初的车子。

人们会作圆并且真正了解圆的性质,是在2000多年前,我国的墨子,给出了圆的概念:"一中同长也。"意思是说,圆有一个圆心,圆心到圆周的长都相等。这个定义比希腊数学家欧几里得给圆下的定义要早100年。

二、数学家故事——祖冲之

祖冲之(429—500)是南北朝时期南朝的著名科学家,他是世界数学史上第一个将圆周率(π)的值计算到小数点后七位的人,这项成果领先世界近一千年,所以有人主张叫它"祖率",也就是圆周率的祖先。祖冲之将自己的数学研究成果汇集成一部著作,名为《缀术》。他还经过多年测算,编制了一部新的历法——《大明历》,这是当时世界上最先进的历法。此外,他的著作还有《释论语》《释孝经》《易义》《老子义》《庄子义》及小说《述异记》等。

祖冲之小时候,他的祖父经常给他讲一些科学家的故事,其中张衡发明地动仪的故事深深打动了祖冲之幼小的心灵。

祖冲之常随祖父去建筑工地。晚上,他总是在那里同农村的小孩们一起乘凉、玩耍。天上星星闪烁,在祖冲之看来,这些星星很杂乱地散布着,而农村的孩子们却能叫出星星的名称,如牛郎星、织女星以及北斗星等。此时,祖冲之就会觉得自己实在知道得太少了。

祖冲之不喜欢读古书。5岁时,父亲教他学《论语》,两个月了他也只能背诵十几句,气得父亲对他又打又骂。可是他喜欢数学和天文学。

一天晚上,祖冲之躺在床上想着白天老师说的"圆周是直径的3倍",觉得这话似乎不对。第二天早上,他就拿了一段妈妈绱鞋子的绳子,跑到村头的路旁,等待过往的车辆。一会儿,来了一辆马车,祖冲之叫住马车,对驾车的老人说:"让我用绳子量量您的车轮,行吗?"老人点点头。祖冲之用绳子把车轮量了一下,又把绳子折成同样大小的3段,再去量车轮的直径。量来量去,他总觉得车轮的直径没有$\frac{1}{3}$

的圆周长。祖冲之站在路旁，一连量了好几辆马车车轮的直径和周长，得出的结论是一样的。这究竟是为什么？这个问题一直在他的脑海里萦绕，他决心要解开这个谜。

经过多年的努力学习，祖冲之研究了刘徽的"割圆术"。所谓"割圆术"就是在圆内画个正六边形，其边长正好等于圆的半径，再分正十二边形，用勾股定理求出每边的长，然后再分正二十四、四十八边形，一直分下去，所得多边形各边长之和就是圆的周长。祖冲之非常佩服刘徽的这一科学方法，他决心按刘徽开创的路子继续走下去，一步一步地计算出192条边、384条边……以求得更精确的结果。当时，数字运算还没利用纸、笔和数码进行演算，而是通过纵横相间地罗列小竹棍，然后按类似珠算的方法进行计算。祖冲之在房间地板上画了个直径为1丈（约3.33米）的大圆，又在里边做了个正六边形，然后摆开他自己做的许多小木棍开始计算起来。此时，祖冲之的儿子祖暅13岁了，他也帮着父亲一起工作。两人废寝忘食地计算了十几天才算到96条边，结果比刘徽的少了0.000002丈。祖暅对父亲说："我们计算得很仔细，一定没错，可能是刘徽算错了。"祖冲之却摇摇头说："要推翻他一定要有科学根据。"于是，父子俩又花了十几天的时间重新计算了一遍，证明刘徽是对的。祖冲之为避免再出误差，以后每一步都至少重复计算两遍，直到结果完全相同才罢休。祖冲之从12288条边，算到24567条边，发现两者相差仅0.0000001。祖冲之知道从理论上讲，还可以继续算下去，但实际上无法计算了，只好就此停止，从而得出圆周率必然大于3.1415926，而小于3.1415927。很多朋友知道了祖冲之计算的成绩，纷纷登门向他求教。之后，祖冲之又进一步得出圆周率的密率是 $\frac{355}{113}$，约率是 $\frac{22}{7}$。直到1000多年后，德国数学家鄂图才得出相同的结果。

三、数学思想方法——转化思想

转化思想是解决数学问题的一个重要思想。任何一个新知识，总是原有知识发展和转化的结果。它可以将某些数学问题化难为易，另辟蹊径，通过转化途径探索出解决问题的新思路。在学习数学时，我们应结合恰当的内容逐步使用转化的思想，去学习新知识，分析并解决问题。

探索：请你在纸上画出一个圆，并把它剪下来。然后从圆心向外切割，使它成若

干个扇形。你会发现,上半圆和下半圆的扇形交错合并,就变成了一个宽是半径,长
是半个圆周长的长方形。

问题一:是否
需要将圆平
均分?

问题二:平均分的
份数越多,拼出的长方
形有什么特点?

四、数学趣题

1. 下图中圆 O 的面积和长方形 OABC 的面积相等。已知圆 O 的周长是 9.42 厘米,那么长方形 OABC 的周长是多少厘米?

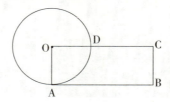

2. 桌面上有一条长 80 厘米的线段,另外有直径为 1 厘米、2 厘米、3 厘米、4 厘米、5 厘米、8 厘米的圆形纸片若干张。现在用这些纸片将桌面上的线段盖住,并且使所用纸片圆周长总和最短。这个最短的周长总和是多少厘米?

五、数学游戏——体会数学之美

下面是几个六年级的同学用圆设计的美丽图案,请你也动手设计一幅美丽的图案吧!

六、数学实验

我们常常听到这样的故事:一位旅行者,想要穿过茫茫的雪原,可他走了很长一段时间后,却又回到了原来的出发地。无名的恐惧立即笼罩他的心头,难道永远走不出雪原了吗?

像这样的事情,俄国伟大作家托尔斯泰、美国作家马克·吐温和杰克·伦敦都有过详尽的描述。这种迷路现象在密林里和草原上也时有发生,正因为这样,世界上许多人都研究过这个问题。于是,"迷路"问题成了世界名题。

挪威一位生物学家胡尔从生理学角度,对这个问题做了专门研究。他指出:人的身体左右器官发育是不完全对称的,大多数人右部器官发育要比左部器官好,特别是右腿要比左腿发育得好。因此当他行走时,右腿每迈一步总比左腿稍远,于是他的行走路线是一条曲线,经过一定时间,便形成了一个圆,确切地说是两个同心圆,即右腿走的是大圆,左腿走的是小圆。

其实,不仅人会发生这种现象,几乎世界上的一切动物都是如此,大至失掉了方向的野牛、野象,小至微生物阿米巴细菌,概莫能外。即便是把一条狗蒙上眼睛,赶它奔跑时它也会惊异失措地兜圈子。

小朋友,你也可以到大自然里去观察一下,做一些有趣的实验。

数学实验报告

日期: 年 月 日

班级		姓名		学号	
实验名称					
实验准备					
小组成员					
实验目的:					
主要内容(要点):					
实验过程记录(含基本步骤、主要过程等):					
实验结果报告与实验总结:					

第二节　数形结合的应用

一、文化大观园

我国著名数学家华罗庚曾说过："数形结合百般好，隔离分家万事休。"数形结合到底有什么好处呢？

　　数与形是数学中的两个最古老，也是最基本的研究对象，它们在一定条件下可以相互转化。中、小学数学研究的对象可分为数和形两大部分，数与形是有联系的，这个联系称为数形结合，或形数结合。作为一种数学思想方法，数形结合的应用大致又可分为两种情形：或者借助于数的精确性来阐明形的某些属性，或者借助形的几何直观性来阐明数之间的某种关系。即数形结合包括两个方面：第一种情形是"以数解形"，而第二种情形是"以形助数"。"以数解形"就是有些图形太过于简单，直接观察看不出什么规律来，这时就需要给图形赋值，如边长、角度等。

　　"数"与"形"反映了事物两个方面的属性。我们认为，数形结合，主要指的是数与形之间的一一对应关系。数形结合就是把抽象的数学语言、数量关系与直观的几何图形、位置关系结合起来，通过"以形助数"或"以数解形"，即通过抽象思维与形象思维的结合，可以使复杂问题简单化，抽象问题具体化，从而起到优化解题途径的目的。

二、数学家故事——莱布尼茨

　　德国有一位被世人誉为"万能大师"的通才，他就是莱布尼茨，他在数学、逻辑学、文学、史学和法学等方面都很有建树。

　　莱布尼茨出生于莱比锡,6岁时丧父,但作为大学伦理学教授的父亲给他留下了丰富的藏书,这些书引起了他广泛的学习兴趣。他11岁时自学了拉丁语和希腊语;15岁时因不满足对古典文学和史学的研究,进入莱比锡大学学习法律,同时对逻辑学和哲学很感兴趣。莱布尼茨思想活跃,不盲从,有主见,在20岁时就写出了"论组合的技巧"论文,创立了关于"普遍特征"的"通用代数",即数理逻辑的新思想。

　　莱布尼茨还与英国数学家、大物理学家牛顿分别独立地创立了微积分学。莱布尼茨是从哲学的角度来研究数学的,他终生奋斗的主要目标是寻求一种可以获得知识和创造发明的普遍方法,他的许多数学发现就是在这种目的的驱使下获得的。牛顿建立微积分学主要是从物理学、运动学的观点出发,而莱布尼茨则从哲学、几何学的角度去考虑。今天的积分符号"∫"(拉长的字母S)、微分号"d"都是莱布尼茨首先使用的。

　　值得一提的是,他还发明了能做乘法、除法的机械式计算机(十进制),并首先系统研究了二进制记数方法,这对于现代计算机的发明至关重要。

三、数学思想方法——数形结合思想

　　数形结合是一种重要的数学思想方法,就是通过"数"与"形"之间的对应和转化来解决数学问题。利用这一方法可使复杂问题简单化、抽象问题具体化,它兼有数的严谨与形的直观之长,是优化解题过程的重要途径之一。"数"和"形"是紧密联系的,我们在研究"数"的时候,往往要借助于"形",在探讨"形"的性质时,又往往离不开"数"。

　　同学们,再有一年你们就要进入初中学习了,在初中数学中,已将数形结合的思想完全融入教学中,不再把数学课划分为代数和几何,而是综合为一门数学,这样更有利于"数"与"形"的结合。小学数学虽然不像初中数学那样,将数形结合的思想系统化,但作为学习数学的启蒙和基础阶段,数形结合的思想已经渐渐渗透其中,为更好地学习数与代数、空间与图形两方面的知识服务,同时也培养了抽象思维,为解决实际问题做好准备。

四、思维体操

同学们都知道"鸡兔同笼"问题：鸡兔同笼，有20个头、54只脚。则笼子里有鸡、兔各几只？

这一内容书本上采用的是列表尝试法。而如果采用数形互译的画图法，二年级的学生都能够解答，并且可以从画图法引出数量关系，列式解答。我们可以画图如下：

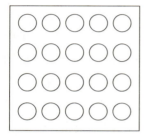  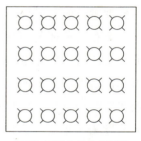

画20个头　　　　　　　给每个头添上2条腿　　　　　　再添上剩余的14条腿

从这个画图过程中不难看出，数形互译，使原本模糊的问题一下子变得清晰了。我们根据图像以及数量关系，能清楚地明白此方法。通过数形互译，不仅解决了问题，又使形象思维与抽象思维协同运用，互相促进，共同发展。由于抽象思维有形象思维做支持，运用此方法解"鸡兔同笼"的问题就变得十分简明且巧妙了。

同学们，你们能试着采用数形互译的画图法来解决下面的数学问题吗？

在一个停车场上，停着汽车和摩托车一共32辆。其中汽车有4个轮子，摩托车有3个轮子，这些车一共有108个轮子。汽车和摩托车各有多少辆？

五、数学趣题

1. 一条马路长200米,小亮和他的小狗分别以均匀的速度同时从马路的起点出发。当小亮走到这条马路的一半的时候,小狗已经到达马路的终点。然后小狗返回与小亮相向而行,遇到小亮以后再跑向终点,到达终点以后再与小亮相向而行……直到小亮到达终点。小狗从出发开始,一共跑了多少米?

起点　　　　　　　　　　　　　　　　　终点

2. 计算下面算式的和。

$$\frac{1}{2}+\frac{1}{4}+\frac{1}{8}+\frac{1}{16}+\frac{1}{32}+\frac{1}{64}+\cdots=$$

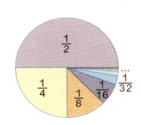

3. 下面每个图中最外圈各有多少个小正方形?

照这样画下去,第5个图形最外圈有(　　　　　　)个小正方形。

六、数学之美

"哪里有数学,哪里就有美",只要我们用心体会,它们就会呈现出来,给我们以美的享受。

具体来说，数学具有简洁美、符号美、抽象美、统一美、协调美、对称美和奇异美等。当你徜徉在音乐的殿堂，聆听那优美动听的乐曲时，你会体会到音乐带给你的美的享受；当你漫步在文学的天地，欣赏着那"惊天地，泣鬼神"的绝妙语句，一定能够领悟文学带给你的美；而数学中同样存在着能够启迪智慧，陶冶情操的美。

其实，"哪里有数学，哪里就有美"，这是古代哲学家对数学美的一个高度评价。数学美的内容是丰富的，如数学概念的简单性、统一性，结构关系的协调性、对称性，公式的普遍性、应用的广泛性，还有奇异性等都是数学美的具体内容。

数学美的魅力是诱人的，数学美的力量是巨大的，数学美的思想是神奇的。它可以改变人们认为数学枯燥无味的成见，让人们认识到数学也是一个五彩缤纷的美的世界。如果说数学使许多人心旷神怡，并为之付出毕生的精力，从而促进了数学学科的飞速发展。那么，它也一定能够激发更多的有志青年追求知识、探索未来的强烈愿望，因为"美"在数学中存在。

第三节　负数的起源

一、文化大观园

> 早在两千多年前，我国就有了正、负数的概念，正负数的运算法则也已经被掌握。

人们在生活中经常会遇到各种相反意义的量。比如：在记账时有余有亏；在计算粮仓存米时，有时要记入库，有时要记出库。为了方便，人们就开始考虑用相反意义的数来表示,于是引入了正、负数这个概念,把余钱、入库记为正,把亏钱、出库记为负。可见正、负数是在生产实践中产生的。

我国三国时期的学者刘徽首先提出了正、负数的定义:"今两算得失相反,要令正负以名之。"意思是,在计算过程中遇到相反意义的量,要用正数和负数来区分它们。也是他第一次提出了区分正、负数的方法。他说:"正算赤,负算黑;否则以斜正为异。"意思是说,用红色的小棍摆出的数表示正数,用黑色的小棍摆出的数表示负数;也可以用斜摆的小棍表示负数,用正摆的小棍表示正数。用不同颜色的数表示正负数的习惯,一直保留到今天。现在人们一般用红色表示负数,报纸上登载某国经济出现赤字,表明支出大于收入,财政上亏了钱。

中国古代著名的数学专著《九章算术》(成书于公元1世纪)中,最早提出了正、负数加减法的法则:"正负数曰:同名相除,异名相益,正无入负之,负无入正之;其异名相除,同名相益,正无入正之,负无入负之。"这里的"名"就是"号","除"就是"减","相益""相除"就是两数的绝对值"相加""相减","无"就是"零"。整句话的意思就是:"正、负数的加减法则是:同号两数相减,等于其绝对值相减;异号两数相减,等于其绝对值相加。零减正数得负数,零减负数得正数。异号两数相加,等于其绝对值相减;同号两数相加,等于其绝对值相加。零加正数等于正数,零加负数等于负数。"负数的引入是我国数学家的杰出贡献之一。

东汉末年刘烘(公元206年)、宋代扬辉(1261年)也论及了正、负数加减法则,都与《九章算术》所说的完全一致。特别值得一提的是,元代朱世杰除了明确给出了正、负数同号、异号的加减法则外,还给出了关于正、负数的乘除法则。负数在国外得到认识和被承认,较中国要晚得多。在印度,数学家婆罗摩笈多于公元628年才提出负数及负数的运算法则,并用小点或小圈记在数字上表示负数。在欧洲最早提出负数概念的是意大利数学家斐波那契(1170—1250)。14世纪最有成就的法国数学家丘凯把负数说成是荒谬的数。15世纪的舒开和16世纪的史提非虽然都发现了负数,但又都把负数说成了荒谬的数。总之在16至17世纪,欧洲人虽然接触到了负数,但对负数的接受的进展是缓慢的,直到17世纪荷兰人日拉尔才首先认识和使用负数解决几何问题,18世纪排斥负数的人已经不多了,随着19世纪整数理论基础的建立,负数在逻辑上的合理性才真正得以建立。

二、数学家故事——刘徽

刘徽,公元225年出生于山东邹平县,是公元3世纪世界上最杰出的数学家。他撰写的著作《九章算术注》和《海岛算经》,是我国最宝贵的数学遗产,从而奠定了他在中国数学史上的不朽地位。

刘徽的一生是为数学刻苦探求的一生。他虽然地位低下,但人格高尚。他不是沽名钓誉的庸人,而是治学态度严谨,学而不厌的伟人。刘徽思维敏捷,方法灵活,既提倡推理又主张直观,是我国最早明确主张用逻辑推理的方式来论证数学命题的人。他给中华民族留下了宝贵的财富,为后世树立了楷模。

《九章算术》成书于东汉之初,共有246个问题的解法,在许多方面,如解联立方程组、分数四则运算、正、负数运算、几何图形的体积面积计算等,都属世界先进之列。但其解法比较原始,缺乏必要的证明,刘徽则对此均做了补充证明。在这些证明中,显示了他在众多方面的创造性贡献。《九章算术注》不仅在整理古代数学体系和完善古算理论方面取得了重要成就,而且提出了丰富多彩的创见和发明。刘徽在算术、代数、几何等方面都有杰出的贡献,例如:他用比率理论建立了数与式统一的理论基础,他应用了出入相补原理和极限方法解决了许多面积和体积问题,建立了独具风格的面积和体积理论。他对《九章算术》中的许多结论给出了严格的证明,他的一些方法对后世有很大启发,即使对现今数学也有可借鉴之处。

刘徽还是世界上最早提出十进小数概念,并用十进小数来表示无理数的立方根的人。在代数方面,他正确地提出了正、负数的概念及其加减运算的法则,改进了线性方程组的解法。在几何方面,他提出了"割圆术",即将圆周用内接或外切正多边形穷竭的一种求圆面积和圆周长的方法。他利用割圆术科学地求出了圆周率 π=3.14 的结果。他从直径为 2 尺(约0.67米)的圆内接正六边形开始割圆,依次得正十二边形、正二十四边形等,割得越细,正多边形面积和圆面积之差越小,用他的原话说就是"割之弥细,所失弥少,割之又割,以至于不可割,则与圆周合体而无所失矣。"刘徽提出的计算圆周率的科学方法,奠定了此后千余年来中国圆周率计算在世界上的领先地位。

刘徽在数学上的贡献极多:在开方不尽的问题中提出"求徽数"的思想,这方法与后来求无理根的近似值的方法一致,它不仅是圆周率精确计算的必要条件,而且促进了十进小数的产生;在线性方程组解法中,他创造了比直除法更简便的互乘相消法,与现今解法基本一致;并在中国数学史上第一次提出了"不定方程问题";他还建立了等差级数前 n 项和公式;提出并定义了许多数学概念,如幂(面积),方程(线性方程组),正、负数等等。

刘徽还提出了许多公认正确的判断作为证明的前提,他的大多数推理、证明都合乎逻辑,十分严谨,从而把《九章算术》及他自己提出的解法、公式建立在必然性的基础之上。虽然刘徽没有写出自成体系的著作,但他注《九章算术》所运用的数学知识,实际上已经形成了一个独具特色,包括概念和判断,并以数学证明为其联系纽带的理论体系。

三、数学思想方法——演绎推理

演绎推理思想是数学的一个主要的证明方法,小学数学中虽然没有初中类似于数学证明等严密规范的演绎推理,但是在很多结论的推导过程中应用了演绎推理的省略形式。如:推导出平行四边形的面积公式之后,三角形的面积公式的推导过程是先把两个同样的三角形拼成一个平行四边形,再根据平行四边形的面积公式推出三角形的面积公式。这个过程实际上应用了演绎推理,推理过程为:平行四边形的面积等于底乘高,两个同样的三角形的面积等于平行四边形的面积,所以两个同样的三角形的面积等于底乘高;因而一个三角形的面积就等于底乘高的积除以2。

我们在学习梯形的面积时也用到了演绎推理,仿照上面的过程写一写。

四、思维体操

在数学中,可以用一条直线上的点表示数,这条直线叫作数轴。它满足以下要求:

(1)在直线上任取一个点表示0,这个点叫作原点。

(2)通常规定直线上从原点向右(或上)为正方向,从原点向左(或下)为负方向。

(3)选取适当的长度为单位长度:直线上从原点向右,每隔一个单位长度取一个点,依次表示1(向右1个单位长度)、2(向右2个单位长度)、3(向右3个单位长度)……从原点向左,用类似方法依次表示–1(向左1个单位长度)、–2(向左2个单位长度)、–3(向左3个单位长度)……

在数轴上,除了数0要用原点表示外,要表示任何一个不为0的有理数,需根据这个数的正负号确定它在数轴的哪一边(通常正数在原点的右边,负数在原点的左边),再在相应的方向上确定它与原点相距几个单位长度,然后画上相应的点。从原点出发,朝正方向的射线(正半轴)上的点对应正数,相反方向的射线(负半轴)上的点对应负数,原点对应零。数轴上的点和数是一一对应的。在数轴上表示的两个数,正方向的数总比另一边的数大。正数都大于0,负数都小于0,正数大于一切负数。

单位长度是指取适当的长度作为一个单位的长度,比如可以取2厘米作为单位长度"1",那么4厘米就表示2个单位长度,即"2"。长度单位则是指米、厘米、毫米等表示长度的单位。

数轴的正方向一般向右,但也不排除向左的可能,而且越靠近正方向的数越大,相反离正方向越远的数越小。

下图中每一格表示1米,小明开始所在的位置在0处。

0

(1)小丽从0点开始向东行6米,表示为+6,那么她向西行5米,表示为(　　　　)。

(2)如果小丽的位置是在+12处,说明她向(　　　　)行了(　　　　)米。

(3)如果小丽的位置在–7处,说明她向(　　　　)行了(　　　　)米。

(4)如果小丽先向东行8米,又向西行13米,这时小丽的位置表示为(　　　　)。

五、数学游戏

道具:扑克牌21张,每个花色的A、2、3、4、5,以及大王。

游戏规则:

洗牌,然后将所有牌反面扣下。

所有玩家开始时处于船侧位置(原点)。

玩家轮流抽一张牌。

如果抽到黑花色,则按照你抽到的那张牌上的数字,向上移动相应的单位长度。

如果抽到红花色,则按照你抽到的那张牌上的数字,向下移动相应的单位长度。

如果抽到大王,那么回到船的位置,并且重新洗牌(包括王牌),重新扣下,继续游戏。

如果碰到了太阳(10的位置),就会被烤焦!

如果碰到了鲨鱼(-10的位置),就会被吃掉!

最后剩下的一个人就是赢家!

六、数学趣题

人们对负数的认识经历了漫长的过程,直到1831年,英国著名数学家德·摩根在他的《论数学的研究和困难》中仍坚持认为负数是荒谬的。他举例说:"父亲56岁,他的儿子29岁,问什么时候,父亲的岁数将是儿子的2倍?"解方程的答案是-2年,他说这个结果是荒谬的。现在,你能帮一帮这位著名的数学家,给出这个答案的合理性解释吗?

第四节　圆柱和圆锥的形成

一、文化大观园

同学们,你们知道圆柱和圆锥是如何形成的吗？让我来为你们揭开谜底吧。

在同一个平面内有一条定直线和一条动线,当这个平面绕着这条定直线旋转一周时,这条动线所成的面叫作旋转面,这条定直线叫作旋转面的轴,这条动线叫作旋转面的母线。如果母线是和轴平行的一条直线,那么所生成的旋转面叫作圆柱面。如果用垂直于轴的两个平面去截圆柱面,那么两个截面和圆柱面所围成的几何体叫作直圆柱。圆柱体简称为圆柱,可以看成是以矩形的一边所在直线为轴,其余各边绕轴旋转而成的曲面所围成的几何体。

圆柱体表面的面积,叫作这个圆柱的表面积,圆柱的表面积是两个底面积与侧面积的和。圆柱的侧面沿高展开以后是一个正方形或长方形,侧面展开以后的长是底面周长,宽是高(当底面周长与高相等时就是正方形,所以侧面沿高展开的特殊情况是正方形),所以"侧面积=底面周长×高"。如果圆柱的侧面斜着沿线展开是一个平行四边形,平行四边形沿高剪开平移之后也可以转化成长方形或正方形。圆柱的底面是两个完全相等的圆,而圆锥只有一个底面是个圆。两个底面之间的距离叫作圆柱的高。圆柱有无数条高,且高的长度都相等。圆锥的顶点到底面圆心的距离叫作圆锥的高,圆锥只有一条高。圆柱和圆锥的侧面都是曲面,但圆柱的侧面展开图是正方形或长方形(沿高剪),而圆锥的侧面展开图是一个扇形。

圆柱所占空间的大小,叫作这个圆柱体的体积。求圆柱的体积跟求长方体、正方体的体积一样,都是"体积=底面积×高":设一个圆柱底面半径为r,高为h,则体积$V=\pi r^2 h$;设一个圆柱体底面积为S,高为h,则体积$V=Sh$。

与圆柱等底等高的圆锥体积是圆柱体积的 $\frac{1}{3}$。相应的,体积和高相等的圆锥的底面积是圆柱的3倍,而体积和底面积相等的圆锥的高是圆柱的3倍。

二、数学家故事——黎曼

作家曹雪芹(约1715—1763)一生只写了一部《红楼梦》,可是这部作品值得用金边把它镶嵌起来。这用来形容黎曼的工作同样十分恰当。在短促的一生中,黎曼的全部著述合起来只有不厚的一卷,可是他的每一篇论文无不具有深远的革命意义。可以这样说,没有黎曼的工作,近代科学思想的伟大革命就不可能实现,除非后来有人创造出黎曼所发明的概念和数学方法。可惜在他发明的大树结出硕果以前,他已经与世长辞。要是当时的医学达到今天的水平,他至少还能多活二三十年,那么,在科学史上将会有金光闪闪的大字这样写着:

"黎曼——19世纪的牛顿、爱因斯坦!"

1826年9月17日,乔治·弗雷德里希·伯恩哈德·黎曼诞生于德国北部汉诺威的伯莱塞兰土村。小黎曼6岁时学习算术。在兄弟姐妹当中,他的数学天赋一开始就显得异常突出。父亲绞尽脑汁出的难题不但难不倒他,反而激起他更大的热情。很快,他就学父亲的样子,编题目给弟弟妹妹做。他的题目构思巧妙,别具一格,甚至把老黎曼也吸引住了。没有丰盛的食物,没有漂亮的衣服,一家人围着一张破旧的小圆桌,在数学百花园里追逐游戏,在面红耳赤的争论中享受到最大的乐趣。创造的喜悦使小黎曼激动万分。等到大家好不容易地越过他设计的第一个"陷阱",他已经布置好了又一座更加引人入胜的"迷宫"。一上10岁,小黎曼跟从一位名叫肖尔兹的老师学习几何和更高深的算术。肖尔兹是当地有名的教师。可是他很快发现,自己已经落在学生的后面。小黎曼对问题的解答常常比自己的更快更好。

小黎曼14岁的时候,父亲送他到汉诺威的祖父家中,进了当地的大学预科学校。离开温暖可爱的家庭,来到一个陌生的环境,小黎曼感到很不适应。寒碜的穿着和羞涩内向的性格使他成了富家子弟们取笑的对象。他感到孤独。即使自己的学习成绩总是在全班名列前茅,也不能使他得到安慰。只有在亲人们的生日临近的日子里,他才感到真正的快乐:他可以借这个难得的机会来施展一下自己的创造才能。虽然口袋里只有少得可怜的几文钱,小黎曼每次总能够准备出一份使亲人们惊叹不已的礼物。第二年,在母亲生日的时候,小黎曼设计制作了一张可以永久使用的日历,来祝愿她老人家健康长寿。这件精致的、别出心裁的作品产生了预想不到的效果。小黎曼的创造天才受到全班一致的公认。从此以后,连最调皮的同学都来向他讨好,再也没有人来嘲笑和欺侮他了。

　　黎曼最出名的是他提出了黎曼几何学(如果你们到大学学习,可能会接触到)和黎曼猜想。与费马猜想时隔三个半世纪以上才被解决,哥德巴赫猜想历经两个半世纪以上屹立不倒相比,黎曼猜想只有一个半世纪的纪录还差得很远,但它在数学上的重要性要远远超过这两个大众知名度更高的猜想。黎曼猜想是当今数学界最重要、最期待解决的数学难题。

　　2000年5月24日,美国克雷数学研究所在法国巴黎召开了一次数学会议。在会议上,与会者们列出了七个数学难题(分别是NP完全问题、霍奇猜想、庞加莱猜想、黎曼假设、杨·米尔斯理论、纳卫尔-斯托可方程、BSD猜想,其中庞加莱猜想已被解决,由俄罗斯数学家格里戈里·佩雷尔曼破解),并做出了一个颇具轰动性的决定:为每个难题设立一百万美元的巨额奖金。距此次会议一百年前的1900年,也是在巴黎,也是在一次数学会议上,一位名叫希尔伯特的德国数学大师也列出了一系列数学难题。那些难题一分钱的奖金都没有,但对后世的数学发展产生了深远影响。这两次远隔一个世纪遥相呼应的数学会议除了都在巴黎召开外,还有一个相同的地方,那就是在所列举的问题之中,有一个且只有一个难题是共同的,这个难题就是"黎曼猜想"。希尔伯特在老年时曾被人问到一个有趣的问题:"假定您去世后一两千年能复活,您会做什么呢?"希尔伯特毫不犹豫且满脸认真地回答道:"我会先问'黎曼猜想'是否已经解决了?"可见希尔伯特对黎曼猜想的重视和黎曼猜想证明的难度。

　　1866年7月21日,黎曼因病去世,终年仅39岁。

三、数学思想方法——极限思想

　　极限思想,是指用极限概念分析问题和解决问题的一种数学思想。极限是用以描述变量在一定的变化过程中的终极状态的概念,简单地说就是无限接近的意思。极限思想是一种重要的数学思想,灵活地借助极限思想,可以将某些数学问题化难为易,避免一些复杂运算,探索出解题方向或转化途径。圆面积公式的推导就采用了"化圆为方""变曲为直"的极限分割思路；再如循环小数0.99……，这个数无论小数点后面9的个数怎样增多，它始终只能越来越接近1，而不等于1，这就是无限逼近的极限思想。

四、思维体操

伟大的阿基米德去世以后，敌军将领马塞拉斯给他建了一块墓碑，以资纪念。他命人在墓碑上刻了一个球内切于圆柱的图案，还在图案中刻了一个圆锥（如下图），这样，圆柱的底面直径与其高度相等，也与圆锥的高度相等。

试求圆锥、球、圆柱的体积比。

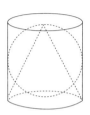

五、数学趣题

一个饮料瓶深27厘米，底面内直径是8厘米，瓶里的饮料深15厘米。把瓶盖拧紧后瓶口向下倒立，这时饮料深20厘米。问：饮料瓶的容积是多少？

六、数学实验

实验内容：测量土豆的体积。

准备工具和材料：一个圆柱形容器，一个土豆。

数学实验报告

日期：　年　月　日

班级		姓名		学号	
实验名称					
实验准备					
小组成员					
实验目的：					
主要内容（要点）：					
实验过程记录（含基本步骤、主要过程等）：					
实验结果报告与实验总结：					

七、学科融合

我们可以把我们学过的圆、圆柱与圆锥的知识编成小诗：

圆的知识学习好，生产生活都需要；

要画圆，找定点，圆心确定圆位置，半径决定圆大小；

同圆或等圆中，直径=2半径；

圆的周长和面积，全都离不开圆周率；

如果条件是半径，圆的周长 $2\pi r$，πr^2 是面积；

如果条件是直径，圆的周长是 πd；

圆周长乘圆柱高，是求圆柱侧面积；

圆面积乘圆柱高，是求圆柱的体积；

同底等高求圆锥，只需再乘三分之一。

第五节　黄金分割比例的起源

一、文化大观园

> 同学们，你们知道黄金分割吗？它是怎么被发现的？来，让我为你揭开谜底吧。

　　黄金分割是一个古老的数学方法，是一种数学上的比例关系，具有严格的比例性、艺术性、和谐性，蕴藏着丰富的美学价值。对它的各种神奇的作用和魔力，数学上至今还没有明确的解释，只是发现它屡屡在实际应用中发挥我们意想不到的作用。黄金分割不仅承载了许多的数学历史与文化，而且本身具有神奇的特征；不仅在美学和生产实践中有着广泛的应用，而且在自然界中也有着大量的客观存在。

把一条线段分割为两部分,使其中一部分与全长之比等于另一部分与这部分之比。其比值取其小数点后三位的近似值是 0.618。由于按此比例设计的造型十分美丽柔和,因此称之为黄金分割,也称为中外比。这是一个十分有趣的数字,我们以 0.618 来近似,通过简单的计算就可以发现:1÷0.618≈1.618,或(1−0.618)÷0.618≈0.618,或 1÷(1+0.618)≈0.6185。这个数值的作用不仅仅体现在诸如绘画、雕塑、音乐、建筑等艺术领域,而且在管理、工程设计等方面也有着不可忽视的作用。

黄金分割点是指分一线段为两部分,使得原来线段的长跟较长的那部分的长之比为黄金分割的点。线段上有两个这样的点。利用线段上的两个黄金分割点,可以画出正五角星、正五边形等。由于公元前 5 世纪古希腊的毕达哥拉斯学派研究过正五边形和正十边形的作图,因此现代数学家们推断当时毕达哥拉斯学派已经触及甚至掌握了黄金分割。公元前 4 世纪,古希腊数学家欧多克索斯第一个系统研究了这一问题,并建立起比例理论。他认为所谓黄金分割,指的是把长为 1 的线段分为两部分,使其中一部分对于全部之比,等于另一部分对于该部分之比。

关于黄金分割比例的起源大多认为来自毕达哥拉斯,据说在古希腊,有一天毕达哥拉斯走在街上,在经过铁匠铺时他听到铁匠打铁的声音非常好听,于是驻足倾听。他发现铁匠打铁的节奏很有规律,这个声音的比例被毕达哥拉斯用数理的方式表达出来,被应用在很多领域。后来很多人专门研究过,开普勒称其为"神圣分割"。

黄金分割在文艺复兴前后经过阿拉伯人传入欧洲,受到了欧洲人的欢迎,他们将其称为"金法",17 世纪欧洲的一位数学家甚至称它为"各种算法中最宝贵的算法"。这种算法在印度被称为"三率法"或"三数法则",也就是我们常说的比例方法。公元前 300 年前后,欧几里得撰写《几何原本》时吸收了欧多克索斯的研究成果,进一步系统论述了黄金分割,成为最早的有关黄金分割的论著。中世纪后,黄金分割被披上神秘的外衣,意大利数学家帕乔利将其称为神圣比例,并专门为此著书立说。德国天文学家开普勒称黄金分割为神圣分割。其实有关"黄金分割",中国也有记载,虽然没有古希腊的早,但它是中国古代数学家独立创造的,后来传入了印度。经考证,欧洲的比例算法是源于中国而经过印度由阿拉伯传入欧洲,而不是直接从古希腊传入的。

黄金分割有许多有趣的性质,人们对它的实际应用也很广泛。最著名的例子是优选学中的黄金分割法或 0.618 法,是由美国数学家基弗于 1953 年首先提出的,20

世纪70年代在华罗庚的提倡下在中国推广开来。

　　五角星是非常美丽的,中国的国旗上就有五颗,还有不少其他国家的国旗也用五角星。这是为什么? 将一个正五边形的所有对角线连接起来,所产生的五角星里面的所有三角形都是黄金分割三角形。若矩形的宽与长的比约等于0.618,那么这个矩形称为黄金矩形(又称根号矩形)。斐波那契数列:1,1,2,3,5,8,13,21,34,55,89,144,……后面的每个数都是它前面的两个数之和,这些数被称为斐波那契数,经研究发现,相邻两个菲波那契数的比值是随序号的增加而逐渐趋于黄金分割比的。

　　黄金分割具有美学价值,在工艺美术和日用品的比例设计中采用这一比值能够引起人们的美感,因此它在实际生活中的应用也非常广泛,建筑物中某些线段的比就科学采用了黄金分割。舞台上的报幕员并不是站在舞台的正中央,而是偏台上一侧,以站在舞台长度的黄金分割点的位置最为美观,声音传播得最好。就连植物界也有采用黄金分割的地方:如果从一棵嫩枝的顶端向下看,就会看到叶子是按照黄金分割的规律排列着的;有些植物茎上两片相邻叶子叶柄的夹角是137°28′,这恰好是把圆周分成1:0.618的两条半径的夹角,据研究发现,这种角度对植物通风和采光效果最佳。在很多科学实验中,选取方案常用一种0.618法,即优选法,它可以使我们合理地安排较少的试验次数找到合理的配方和合适的工艺条件。高雅的艺术殿堂里,自然也留下了黄金分割数的足迹。人们发现,一些名画、雕塑、摄影作品的主题,大多在画面的黄金分割处。艺术家们认为弦乐器的琴马放在琴弦的黄金分割处,能使琴声更加柔和甜美。黄金分割被认为是建筑和艺术中最理想的比例,建筑师们对数字0.618特别偏爱,无论是古埃及的金字塔,还是巴黎的圣母院,或者是近世纪的法国埃菲尔铁塔,都有与0.618有关的数据。大多数门窗的宽、长之比也是0.618,在古希腊神庙的设计中也用到了黄金分割。此外,人们的肚脐在人体总长的黄金分割点,人的膝盖是肚脐到脚跟的黄金分割点。

　　医学同样与0.618有着千丝万缕的联系,它可以解释人为什么在环境温度为22~24℃时感觉最舒适。因为人的体温为37℃,与0.618的乘积为22.8℃,而这一温度中机体的新陈代谢、生理节奏和生理功能均处于最佳状态。因此,当外界环境温度为人体温度的0.618倍时,人会感到最舒适。现代医学研究还表明,0.618与养生之道息息相关,动与静是一个0.618的比例关系,大致四分动六分静,才是最佳的养生之道。医学分析还发现,饭吃六七成饱的人几乎不生胃病。

二、数学家故事——毕达哥拉斯

毕达哥拉斯(公元前580—公元前500),古希腊数学家、哲学家,创建了"毕达哥拉斯学派"。

毕达哥拉斯出生在爱琴海中的萨摩斯岛(今希腊东部小岛)的一个贵族家庭,父亲是一个富商。毕达哥拉斯自幼聪明好学,九岁时被父亲送到提尔,在闪族叙利亚学者那里学习。在这里,他接触了东方的宗教和文化。以后他又多次随父亲商务旅行到小亚细亚。公元前551年,毕达哥拉斯来到米利都、得洛斯等地,拜访了数学家、天文学家泰勒斯、阿那克西曼德和菲尔库德斯,并成了他们的学生。后来因为向往东方的智慧,他经过万水千山,游历了当时世界上两个文化水准极高的文明古国——古巴比伦和印度,吸收了阿拉伯文明和印度文明的文化。公元前530年,他返回萨摩斯岛,后来又迁居意大利南部的克罗通,创建了毕达哥拉斯学派,一边从事教育,一边从事数学研究。

最早把数的概念提到突出地位的正是毕达哥拉斯学派。他们很重视数学,企图用数来解释一切,宣称数是宇宙万物的本原,研究数学的目的并不在于使用而是为了探索自然的奥秘。他们从五个苹果、五个手指等事物中抽象出了"5"这个数。这在今天看来是很平常的事,但在当时的哲学和实用数学界,这算是一个巨大的进步。在实用数学方面,它使得算术成为可能;在哲学方面,这个发现促使人们相信数是构成实物世界的基础。

毕达哥拉斯对数论做了许多研究,将自然数区分为奇数、偶数、素数、完全数、平方数、三角数和五角数等。在毕达哥拉斯派看来,数为宇宙提供了一个概念模型,数量和形状决定一切自然物体的形式,数不但有量的多寡,而且也具有几何形状。在这个意义上,他们把数理解为自然物体的形式和形象,是一切事物的总根源。因为有了数,才有几何学上的点;有了点,才有线、面和体;有了体,才有火、气、水、土这四种元素,从而构成万物。所以数在物之先,自然界的一切现象和规律都是由数决定的,都必须服从"数的和谐",即服从数的关系。

毕达哥拉斯和他的学派在数学上有很多创造,尤其对整数的变化规律非常感兴趣。例如,他们把除其本身以外全部因数之和等于本身的数称为完全数(如6、28、496等),而将本身小于其因数之和的数称为盈数,将本身大于其因数之和的数称为亏数。

毕达哥拉斯本人以发现勾股定理(西方称毕达哥拉斯定理)著称于世,虽然这定理早已为巴比伦人所知。在中国古代,公元前2世纪到公元1世纪成书的数学著作《周髀算经》中也曾假托商高同周公的一段对话讲到过勾股定理。商高说:"……故折矩,勾广三,股修四,经隅五。"商高那段话的意思就是说:当直角三角形的两条直角边分别为3(短边)和4(长边)时,径隅(弦,即斜边)则为5。以后人们就简单地把这个事实说成"勾三股四弦五",这就是中国著名的勾股定理,不过最早的证明大概要归功于毕达哥拉斯。他用演绎法证明了直角三角形斜边平方等于两直角边平方之和,即毕达哥拉斯定理(勾股定理)。

在几何学方面,毕达哥拉斯学派证明了"三角形内角之和等于两个直角"的论断,研究了黄金分割,发现了正五角形和相似多边形的做法,还证明了正多面体只有五种——正四面体、正六面体、正八面体、正十二面体和正二十面体。

三、数学思想方法——函数思想

函数思想就是运用运动和变化的观点、集合和对应的思想去分析问题的数量关系,通过类比、联想、转化合理地构造函数,运用函数的图像和性质,使问题获得解决。函数的思想方法是最重要、最基本的数学思想方法之一。

我们在学习"商不变规律"时,需要观察所填答案有什么特点(找规律),并思考这个特点是怎样被引起的,想一想我们学过的一个数除以小数的计算方法,体会"当一个数变化,另一个数不变时,得数变化是有规律的"这种朴素的函数思想;同时,我们今年学习的正、反比例也依赖于函数思想。

我们学习了长方形与正方形的周长和面积。想一想:周长相等的长方形和正方形,哪个面积大? 我们可以列举出所有长方形,而要想得到不同的长方形,必须在保持周长不变的情况下改变长方形的长和宽,由于长逐渐减小,在周长不变的情况下,宽必须随之不断地增大,这就是一种函数思想。另外,我们学习过的许多公式都是一种函数关系。我们在小学阶段学习和掌握的许多数量关系,如:单价、数量和总价之间的关系;路程、时间和速度之间的关系;工作量、工作效率和工作时间之间的关系……其实当这些数量关系中的某一种量固定后,另外两种量在变化时就构成了函数。在我们学习过的"统计与概率"中,也有函数思想,你能说一说吗?

四、思维体操

一般认为,如果一个人肚脐以上的高度与肚脐以下的高度符合黄金分割,则这个人好看。一个参加空姐选拔活动的选手,其肚脐以上部分长65厘米,肚脐以下部分长95厘米。那么她应该穿多高的鞋子好看?(精确到1厘米)

五、数学游戏

在研究黄金分割与人体关系时,人们发现人体结构中有14个"黄金点"(物体短段与长段之比为0.618),12个"黄金矩形"(宽与长之比为0.618的长方形)和2个"黄金指数"(两物体间的比例关系为0.618)。我们选出几组,在自己的身上找一找,量一量,算出比值,看一看是不是。

1. 黄金点

咽喉:头顶—肚脐的分割点;

膝关节:肚脐—足底的分割点;

肘关节:肩关节—中指尖的分割点。

2. 黄金矩形

面部轮廓:眼水平线的面宽为宽,发际至颏底间距为长;

鼻部轮廓:鼻翼为宽,鼻根至鼻底间距为长;

唇部轮廓:静止状态时上下唇峰间距为宽,口角间距为长;

手部轮廓:手的横径为宽,五指并拢时取平均数为长。

3. 黄金指数

鼻唇指数:鼻翼宽与口角间距之比近似黄金数;

目唇指数:口角间距与两眼外眦间距之比近似黄金数。

六、数学实验

测量一个水龙头不同时间内的滴水量。

1．边测量边填表。

时间 （分钟）	10	20	30	40	50	60
滴水量 （毫升）						

2．根据实验数据制成折线统计图。

3．结果分析：

（1）说一说从图中你发现了什么；

（2）描述一下滴水量与时间之间的关系；

（3）估计3小时将浪费多少毫升水。

参考答案

第一章　数学百花园

第一节　数的由来

三、思维体操

1+2+3+4+5+6+7+8+9=（ 45 ）；

2+4+6+8+10+12+14+16+18=（ 90 ）；

1+3+5+7+9+11+13+15+17+19+21+23+25+27+29=（ 225 ）。

四、数学趣题

（1）△=（3），□=（6），○=（4）；

（2）△=（13），○=（2），☆=（6）；

（3）你=（1），我=（6），他=（17）。

第二节　数学符号的由来

三、数学趣题

1. 要使水面下降得尽量少，应该把①拿出来；要使水面下降得尽量多，应该把②拿出来。

2.（1）号碗里是鸽蛋，（2）号碗里是鹅蛋，（3）号碗里是鸡蛋。

3.（2），（3），（1），（4）。

四、数学游戏

1	3	2
2	1	3
3	2	1

2	3	1
1	2	3
3	1	2

1	2	3
3	1	2
2	3	1

五、数学魔术

记 12345679=a，因 9a=111111111，故 18a=222222222，27a=333333333，36a=444444444，45a=555555555，54a=666666666，63a=777777777，72a=888888888，81a=999999999（都是相同的九位数）。例如，若想要 7，则用 12345679×63=777777777。

第四节　找规律

四、数学趣题

1.

解析：找出循环组就能发现规律。

2．4，2，4。

解析：这是一组重复出现的规律，比较简单。

3.

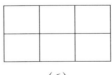

（6）

解析：通过观察图形的变化规律结合计算得出图形与数字之间的变化规律。

4.(1)9，11；(2)5，0；(3)11，29，37；(4)13，55。

解析：要发现数字的排列规律，需要观察所给的数，运用数的顺序和加、减法相关知识，找出数与数之间的排列规律。

5.

6	8
3	9

, 24。

解析:仔细分析数据之间的关系,从多角度思考寻找规律。

五、数学游戏

(1)两格两格地跳。

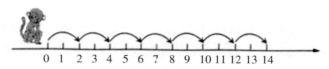

(2)三格三格地跳。

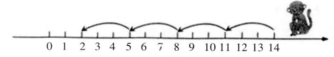

解析:看清题目要求,借助数轴,按照规律,正确画出小猴子跳过的地方

第六节　有趣的计算

四、数学趣题

1. 9-8=7-6=5-4=1;

2. 有3个苹果,5个梨,8个香蕉,小方可以选择两种水果,她最多能拿到(13)个,最少能拿到(8)个。

五、数学游戏

鸡3千克,鸭4千克,鹅5千克。

第二章　数与形的来世与今生

第一节　长度单位的起源

四、数学游戏

7次。

五、数学趣题

25号。

六、数学实验

略。

第二节 乘法口诀的起源

四、数学游戏

2×5=10(个),3×6=18(个),4×5=20(个),6×4=24(个)。

五、数学趣题

6×6或5×5。

六、数学实验

由2×8=4×4=16,得出24×84=2016,42×48=2016;

由2×9=3×6=18,得出23×96=2208,32×69=2208;

由3×8=4×6=24,得出34×86=2924,43×68=2924;

由4×9=6×6=36,得出46×96=4416,64×69=4416。

第三节 钟表的起源

三、数学趣题

11秒。

四、数学实验

5-1=4(次),4×10=40(分)。

第四节 除法的来历

四、思维体操

1、2、3、4、1、2、3、4地报数,排尾的人报3,说明战士数等于或多于7人。

下面用观察试误法来求有多少个战士:

(1)7名战士

7÷2=3…1,7÷3=2…1。

7÷3余数不为2,不满足题意。

(2)8名战士

8÷2＝4,8÷2无余数,不满足题意。

(3)9名战士

9÷2＝4…1,9÷3＝3。

9÷3无余数,不满足题意。

(4)10名战士

10÷2＝5,10÷2无余数,不满足题意。

(5)11名战士

11÷2＝5…1,11÷3＝3…2,11÷4＝2…3。

11满足题意,因此有11个战士。

五、数学趣题

第一队遇见第二队时,第一队人已经吃掉了1天的粮食,所余的粮食只够第一队自己吃4天;但第二队加入后,所余粮食只够所有人吃3天,可知第二队人在3天里所吃的粮食等于第一队9个人一天吃的粮食。即第二队有:

9÷3＝3(人)

答:第二队迷路的人有3个。

第五节　克和千克的起源和发展

五、数学趣题

1两=16克,即24铢=16克。

又24铢黍子大约有:24×100=2400(粒),

所以1克黍子大约有:

2400÷16=150(粒)。

答:1克黍子大约有150粒。

第六节　生活中的推理

一、文化大观园

分析:两个事实:(1)一月份有31天;(2)每个星期有7天。

解:31÷7＝4…3。

一月一日不能是星期三、四、五,否则一月就有5个星期五;一月一日不能是星期一、日、六,否则一月就有5个星期一。

所以,一月一日应该是星期二。

四、数学趣题

1号盒中装的是白球,2号盒中装的是红球,3号盒中装的是绿球。

五、数学实验

左边是三个装满饮料的杯子,右边是三个空杯,要使这六个杯子满杯和空杯交错排列,只要把左起第二个杯子与第五个杯子交换一下,就把三个载满饮料的杯子与三个空杯交错排列了,但这样就移动了两个杯子,不合题意。照着这个思路继续下去,如果我们把左起第二个杯子里的饮料倒进第五个杯子里去,就符合要求了。

第三章　探究多彩的数学世界

第一节　时、分、秒的起源

三、数学思想方法——归纳推理

通过观察算式,能够发现这样一些规律:算式左边是奇数相加,并且几个数相加,右边就是几和几的乘积,所以1+3+5+7=(4×4),1+3+5+7+…+99=(99×99)。

四、数学游戏

车站的钟快5分钟或家里的钟慢5分钟。

五、数学趣题

36分钟。

对于老钟来说,从3点到12点,实际需要的时间是9×64分钟。如果目前是12点,则已经过了9×60分钟,所以还需36分钟。

六、数学实验

答案是16807,即7×7×7×7×7=16807。

第二节　几何的起源及其发展

一、文化大观园

1. 认识的图形:三角形、长方形、正方形、平行四边形、圆、长方体、正方体、圆柱体……

性质:

三角形:三角形的内角和是180°;一个三角形最少有2个锐角;三角形两边之和大于第三边,两边之差小于第三边;在同一个三角形内,大边对大角,大角对大边……

长方形:对边相等,四个角都是直角。

正方形:四条边都相等,四个角都是直角。

2. 5条公理:

公理1　等于同量的量彼此相等;

公理2　等量加等量,其和仍相等;

公理3　等量减等量,其差仍相等;

公理4　彼此能够重合的物体是全等的;

公理5　整体大于部分。

5条公设:

公设1　由任意一点到另外任意一点可以画直线;

公设2　一条有限直线可以继续延长;

公设3　以任意点为心及任意的距离可以画圆;

公设4　凡直角都彼此相等;

公设5　同平面内一条直线和另外两条直线相交,若在某一侧的两个内角的和小于二直角的和,则这两条直线经无限延长后在这一侧相交。

23个定义:

定义1　点是没有部分的东西(即点没有大小)。

定义2　线只有长度而没有宽度。

定义3　一线的两端是点。

定义4　直线是它上面的点一样地平放着的线。

定义5 面只有长度和宽度。

定义6 面的边缘是线。

定义7 平面是它上面的线一样地平放着的面。

定义8 平面角是在一平面内但不在一条直线上的两条相交线相互的倾斜度。

定义9 当包含角的两条线都是直线时,这个角叫作直线角。

定义10 当一条直线和另一条直线交成的邻角彼此相等时,这些角每一个被叫作直角,而且称这一条直线垂直于另一条直线。

定义11 大于直角的角称为钝角。

定义12 小于直角的角称为锐角。

定义13 边界是物体的边缘。

定义14 图形是一个边界或者几个边界所围成的。

定义15 圆:由一条线包围着的平面图形,其内有一点与这条线上任何一个点所连成的线段都相等。

定义16 这个点(指定义15中提到的那个点)叫作圆心。

定义17 圆的直径是任意一条经过圆心的直线在两个方向被圆截得的线段,且把圆二等分。

定义18 半圆是直径与被它切割的圆弧所围成的图形,半圆的圆心与原圆心相同。

定义19 直线形是由直线围成的,三边形是由三条直线围成的,四边形是由四条直线围成的,多边形是由四条以上直线围成的。

定义20 在三边形中,三条边相等的,叫作等边三角形;只有两条边相等的,叫作等腰三角形;各边不等的,叫作不等边三角形。

定义21 此外,在三边形中,有一个角是直角的,叫作直角三角形;有一个角是钝角的,叫作钝角三角形;有三个角是锐角的,叫作锐角三角形。

定义22 在四边形中,四边相等且四个角是直角的,叫作正方形;角是直角,但四边不全相等的,叫作长方形;四边相等,但角不是直角的,叫作菱形;对角相等且对边相等,但边不全相等且角不是直角的,叫作斜方形;其余的四边形叫作不规则四边形。

定义23 平行直线是在同一个平面内向两端无限延长不能相交的直线。

三、数学思想方法——分类思想

1. 5,4,3,2,1。

角有15个,算式:5+4+3+2+1=15(个);三角形有10个,算式:4+3+2+1=10(个)。

2. 只有一种面值:10个1角,5个2角,2个5角,3种换法。

只有两种面值:8个1角和1个2角,6个1角和2个2角,4个1角和3个2角,2个1角和4个2角,5个1角和1个5角,5种换法。

只有3种面值:1个1角,2个2角和1个5角;3个1角,1个2角和1个5角。2种换法。

共计:3+5+2=10种换法。

四、数学魔术

第一次拿过之后,余下的棋数在10到19之间;第二次拿过之后,余下的棋数必是9;最后用9减去余下的棋数,就是观众手中的棋数了。

五、数学游戏

3=(4+4+4)÷4,4=(4−4)×4+4,5=(4×4+4)÷4,6=(4+4)÷4+4,7=44÷4−4,8=4+4+4−4,9=4+4+4÷4,10=(44−4)÷4。

第三节 分数的来源

一、文化大观园

除法。

二、数学家故事

方案:以羊圈的一个木桩为中心,将原来40米边长缩短15米变成25米,将原来15米的边长增加10米变成到25米,这样羊圈的篱笆长是25×4=100米,羊圈的面积是25×25=625平方米,每只羊占地是625÷100=6.25平方米,比6平方米还大了些。

三、数学思想方法——集合思想

这道题蕴含了集合思想,可以借助韦恩图来计算,算式是:14+10−6=18(人),51−18=33(人)

四、思维体操

3,1,1/2,1/6,1/2+1/6。

2/5=1/3+1/15,2/7=1/4+1/28,2/11=1/6+1/66

五、数学魔术

算出的数加上20得到的数的后两位即是出生的日期,前一位或者两位是月份。

六、数学游戏

把四艘战舰移至中央,如图:

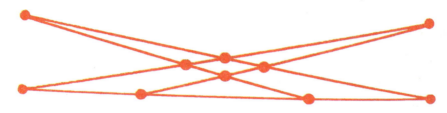

第四节　年、月、日的起源

四、数学趣题

这是完全可能的。宝宝的生日是12月31日,"今天"是1月1日,两天前也就是上一年的12月30日她2岁,今天她3岁,今年的12月31日过生日时她4岁,而明年她过生日时将是5岁。

五、数学实验

至少有两个。根据题意可知,全校共有学生52×30=1560人,在2000年到2002年出生的学生共有1400人。而且这三年中有365×3+1=1096天。由此可知,至少有两个。

六、数学游戏

利用数字之间差1的规律就能很好地解决这个问题了。不难看出这应该是2到10这几个数,2+3+4+5+6+7+8+9+10=54。所以,第一张日期是2号,最后一张日期是10号。

第五节　面积的来源

一、文化大观园

1. 如兰州体育馆的占地面积30100平方米等。

2. 黄色:9平方厘米;绿色:9平方厘米;红色:9平方厘米;蓝色:15平方厘米。

三、数学思想方法——转化思想

1. 将等腰三角形左右对折后剪开，再拼成一个长方形，可转化为求长方形的面积。长方形长就是等腰三角形的高5厘米，长方形的宽是等腰三角形底边长的一半即2厘米。

三角形的面积=长方形的面积=2×5=10(平方厘米)。

2. 可以先将10分成：1和9、2和8、3和7、4和6、5和5，它们的积分别是：9，16，21，24，25。可以初步认为拆分成2个相等的数的乘积最大。可以再举一个例子(如12)，由此推断：把164分成82和82时乘积最大，为6724，还可以适当地加以验证。165是奇数，分成相差1的两个数，乘积最大。

四、数学趣题

真=1，是=0，巧=9，啊=8。

喜=3，迎=2，新=5，年=9。

五、数学实验

每对折一次，面积减半，用原来面积÷2，对折4次，算式是：32÷2÷2÷2÷2=2(平方厘米)。

六、数学之美

27×198=5346，28×157=4396，42×138=5796，1963×4=7852。

第四章　数学面面观

第一节　超级大数的认识

四、数学趣题

1. 2222×5555＝12343210；

22222×55555＝1234543210；

222222×555555＝123456543210；

2222222×5555555＝12345676543210。

2. 做这道题，不能蛮算，我们从简单的算起，从中找出规律。

例如：9×9的每个因数中有1个9，那么积的各个数位的数字和就是1个9；

99×99的每个因数中有2个9,那么积的各个数位的数字和就是2个9,即等于18;

999×999的每个因数中有3个9,即等于27,因此此题各个数位的数字之和就是1993个9,即等于9×1993＝17937。

3．从这个数的个位开始,每两数断成一组,如上数断成10,42,68,73,…(如最后乘一个数就以一个数为一组),把这些两位数相加,10+42+68+73+…=495。我们再用上面的方法把495加以处理,得到95+4=99,用11除这个数,能够整除,所以这个大数就能被11整除。

第二节　小数的变迁

四、数学趣题

1．最大5.704,最小5.695。

2．两个加数分别是:5.23和6.4。

3．这本书的价格是4.88元。

4．正确的结果是15。

5．这三段的长分别是:4.8米,4.1米,5.3米。

6．这个数是3.8。

7．正确的得数是19.03。

8．比正确的结果多了76.14。

9．正确的得数是7.44。

10．原来有油4.44千克,桶重0.58千克。

第三节　统计与发展

五、数学趣题

1．(390+392+410+412+404+385+416+398+414+396)÷10

=4017÷10

=401.7(元)。

2．去掉一个最高工资5000,去掉一个最低工资1200。

(2800+2500+1800+1900+2200)

=11200÷5

=2240（元）。

第四节　几何图形的变迁与发展

四、数学趣题

D。

第五节　数学与生活

四、数学游戏

东东先拿5张，然后让明明拿，东东每次拿的数要和明明拿的数合起来是7，能保证最后一张被东东拿到，东东获胜。

五、数学趣题

把不同的币值的硬币平均分成4份、5份、6份（把平均分的4堆中的两堆可以平均分成3份，另外2堆也一样可以分成3份，所以说可以分成6份），这样，每一种硬币至少有60枚。

第五章　数学梦工厂

第一节　方程的由来

二、数学家故事

1. 丢番图的寿命

解：设丢番图活了 x 岁。

$x-[(1 \div 6)x+(1 \div 12)x+(1 \div 7)x+5+(1 \div 2)x+4]=0$ ，

$x-(\frac{1}{6}x+\frac{1}{12}x+\frac{1}{7}x+5+0.5x+4)=0$ ，

$x-(\frac{25}{28}x+5+4)=0$ ，

$x-\frac{25}{28}x-9=0$ ，

$x - \dfrac{25}{28}x = 9$ ，

$\dfrac{3}{28}x = 9$ ，

$x = 84$ 。

答：丢番图活了84岁。

2．丢番图当爸爸的年龄

解：84×(1÷6+1÷12+1÷7)+5=38(岁)。

答：丢番图开始当爸爸的年龄为38岁。

3．儿子死时丢番图的年龄

解：84-4=80(岁)。

答：儿子死时丢番图的年龄为80岁。

三、数学思想方法——方程思想

解：设香蕉的单价是每千克x元，那么苹果的单价是每千克2x+1元。

3x+2(2x+1)=16。

解方程，得x=2，则香蕉的单价是每千克2元，苹果的单价为每千克5元。

四、数学趣题

如果鹏鹏少错一题能找回8分，所以他只得了52分。那么假设他做对了x道题，做错了20-x道，那么5x-3(20-x)=52。

解方程得x=14，则做错了6道题。

五、数学游戏

设这个相等的数为x，则甲为：x+2，乙为：x-2，丙为：x/2，丁为2x。

x+2+x-2+x/2+2x=45。

解方程得x=10，则甲为12，乙为8，丙为5，丁为20。

第二节　可能性

二、数学家故事

这个数学游戏有两种不同的解法，如下面的两个表所示。

第一种解法：

12	12	4	4	9	9	1	1	6
8	0	8	3	3	0	8	6	6
5	0	0	5	0	3	3	5	0

第二种解法：

12	12	4	0	8	8	3	3	11	11	6	6
8	0	8	8	0	4	4	8	0	1	1	6
5	0	0	4	4	0	5	1	1	0	5	0

四、数学趣题

概率为1，即每一个随机排列的数字都能被9整除。

因为任何一个数除以9所得的余数正好等于组成这个数的所有数字相加再除以9的余数，而1到8之和是36，除以9的余数为0。所以无论怎么排列，所得到的数字都能被9整除。

五、数学游戏

露露能够做到。

在第一个箱子里放一个白球，第二个箱子里放进其他所有球。这时你随手从一个箱子里摸一个球出来，这时选到一号箱子的机会是50%，且摸到黑球的机会是0；选到二号箱子的机会也是50%，且摸到黑球的机会是：50%×50(49+50)≈0.2525。

于是一次摸到白球的机会是1−0.2525≈75%>70%。

第三节　图形的变换

四、数学趣题

此题有多种解法，这里可以应用平移原理，把小路向底边和右边平移。这时实际种菜的面积就转化为求长29米、宽19米的长方形的面积，用长乘宽就可求出面积。

五、数学游戏

很明显第一枚硬币的位置决定了最后一枚硬币的位置，需要通过观察和分析，从中找到共同点。

不妨再次观察这些图形，虽然它们的形状不一样，但是它们都有一个共同点，那就是具有中心对称性。如果有中心对称性，那么就有中心点。这就是它们的第二个共同点。从这个中心点出发，不管从什么方向放出一条射线，然后在这条射线上确定一个点，必定能够从相反的射线上找到一个对应的点。

你在放第一枚硬币的时候需要将其放在中心点上，然后对方在其他地方放硬币之后，你就在那一点的相反方向放一枚硬币。

第四节　用数对确定位置

四、数学趣题

第64格里有1×2×2×2×2×…×2粒米（63个2相乘）。10个2相乘等于1024，这个式子可以写成：

8×1024×1024×1024×1024×1024×1024。

如果把8192粒米算为1斤，又把1024当作1000近似算，那么格里有1000000000000000斤米，即5000亿吨。

五、数学游戏

首先，把20克的砝码放在天平一边的托盘里，把药粉分成两份，放在天平两边的托盘里。通过增减两边的药粉使天平达到平衡。这时，天平上没有砝码的一边的药粉重45克，另一边有砝码的重25克。

分别取下药粉，天平一边仍放20克砝码，另一边放25克药粉，并从中不断取出药粉收集起来，使天平再次平衡。

这时天平上的药粉有20克，而最后取下来的药粉正好5克。

第五节　因数与倍数

四、数学趣题

国王有2519名士兵。

要使队伍排列整齐，人数必须是每排人数的整数倍，也就是说或是10的倍数或是9的倍数。如果士兵总数是10、9、8、7、…、2的公倍数，10、9、8、7、…、2的最小公倍数是2520。而国王的军队总数不高过3000人，所以取2520这个最小公倍数正好合适。现在国王的兵数是2519，也就是2520−1。

五、数学游戏

设约翰的钱为x，则简的钱为$\frac{x}{2}$。

$$x - 60 = 3(\frac{x}{2} - 60) ,$$

解得 $x=240$。

则约翰带了240元,简带了120元。

第六章　数学万花筒

第一节　圆的发现

四、数学趣题

1．12.42厘米。

2．251.2厘米。

第二节　数形结合的应用

四、思维体操

12辆汽车,20辆摩托车。

五、数学趣题

1．400米。

2．1。

3．第5个图形最外圈有40个小正方形。

第三节　负数的起源

四、思维体操

-5,东,12,西,7,-5。

第四节　圆柱和圆锥的形成

四、思维体操

1:2:3。

五、数学趣题

1105.28毫升。

第五节　黄金分割比例的起源

四、思维体操

10厘米。

参考文献

[1]刘勇．数学真美妙[M]．北京:电子工业出版社,2013．

[2]王永春．小学数学与数学思想方法[M]．上海:华东师范大学出版社,2014．

[3]张祥斌,杨深桃,崔振明．每个小学生都会着迷的数学游戏[M]．杭州:浙江少年儿童出版社,2011．

[4]华栋明．数学真有趣[M]．上海:世界图书出版公司,2012．

[5]李毓佩．数学大世界[M]．武汉:湖北少年儿童出版社,2012．

[6]纸上魔方．小数学家应该知道的数学故事[M]．北京:电子工业出版社,2013．

[7]夏桂洁．优秀小学生最爱玩的数学游戏[M]．北京:地震出版社,2011．

[8]柯友辉．全世界孩子都爱玩的700个数学游戏[M]．北京:新世界出版社,2013．

[9]〔日〕野口哲典．天哪！数学原来可以这样学[M]．西安:陕西师范大学出版社,2011．

后 记

2013年寒假，我们阅读了《数学大师启示录》《名人传记·陈景润》《我的数学之路》等书，在读陈景润的传记时，我们被陈景润在艰苦的环境下仍然坚持计算以及他不惧艰难险阻的毅力深深打动，产生了给孩子们讲述数学家故事的想法。通过数学家们的故事，可以让孩子们学习到数学家身上的精神，了解他们的研究思路，学习到数学的思想方法。再后来，我们又阅读了《数学的美与理》，浏览了《数学史》等书籍，结合现行的数学教材，认识到学生从小学到高中对数学的学习只是"管中窥豹"，只见树木不见森林，接触到的数学知识还不足以让学生真正领略数学的魅力，以至于许多学生早早失去了对数学的兴趣。作为教师的我们应该让学生了解数学文化、感悟数学家的精神、学习数学思想方法、感受数学的乐趣，引领学生站在一定的高度全面了解数学，激发学生数学学习兴趣、促进学生数学文化素养提升。

校本课程的开发是一个不断完善的过程，经过了一年多的筹备和努力，东郊学校《数学·文化·发现》系列校本课程孕育而生。限于编者的知识和水平，书中大量的引用和借鉴了相关的研究成果，由于资料无法找到原始出处，故而书中未一一标注说明，在此对原作者表示真诚歉意和致谢！本书的出版仅作为学校校本教材，不做他用。书中还有许多不足之处，祈请各位同仁批评指正！

编写组

2015年12月